ARBEIT

ARBEIT

BILDREDAKTION, HERAUSGEBER STEFAN PIELOW **AUTOR** EMANUEL ECKARDT

ARBEIT

Arbeit verändert die Welt. Arbeit hat die Erde urbar gemacht, ließ Zivilisationen und Hochkulturen entstehen. Arbeit schafft Werte, sichert menschliche Existenz. Landwirtschaft und Fischfang ernähren Familien. Handwerk und Industrie sorgen für das Wachstum der Volkswirtschaften, den steten Strom der Steuern und Gewinne. Arbeit mehrt den Wohlstand, schafft Kulturdenkmäler und Kathedralen, Dienstleistungen und Konsumgüter. Arbeit setzt Energien frei und macht sie nutzbar. Arbeit verändert Ökosysteme, Naturlandschaften und das Weltklima. Arbeit ist Leben.

Dieses Buch zeigt Menschen bei der Arbeit, in tropischer Hitze, in eisigen Stürmen, in Operationssälen oder in der keimfreien Welt der Zukunftslabors, archaische Fronarbeit unter extremen Bedingungen, Knochenjobs, die kein Mensch lange aushalten kann, ohne krank zu werden und früher oder später daran zugrunde zu gehen, Menschen, die schwer an ihrer Arbeit tragen und ihre Familien unter elenden Bedingungen am Leben erhalten. Es zeigt Kinderarbeit in Müll und Schrott, aber auch Erfindungsreichtum und Hingabe, Arbeit, die ohne Geduld, ohne Erfahrung und ohne Leidenschaft für die Sache nicht zu machen ist.

Die Fotografien erzählen wahre Geschichten, manche aus überraschender Perspektive. Sie zeigen den Arbeitsalltag ohne Retusche, Jobs, die immer noch besser sind, als ohne Arbeit zu sein. Sie zeigen Menschen, die ackern, schleppen und ihren Hals riskieren. Und sie zeigen den Fortschritt der Arbeitswelt in Industrieländern, intelligente Werkzeuge und Steuerungssysteme, die Arbeiten verrichten und Denkleistungen erbringen, zu denen kein Mensch mehr fähig wäre.

Dieses Buch ist keine Bilanz, die den Wert der Arbeit beziffert. Es zeigt die Beobachtungen von Fotoreportern, die genauer hinsehen als andere. Sie erfassen die Situationen nicht im Vorübergehen, sondern, indem sie sich ihnen aussetzen, indem sie nah herangehen, den Kontakt und das Gespräch mit den Menschen suchen, Reporter, die auf ihre Art Anteil nehmen, neugierig und mit Empathie und Respekt.

Wir staunen über Zirkusnummern des Technikzeitalters, über Holzfäller, die schwere Stämme mit Helikoptern aus dem Wald holen, über kühne Drahtseilakte der Männer auf einer schwankenden Schrägseilbrücke. Erstaunlich genug, dass die Bilder in diesem Buch im selben Jahrtausend, im selben Jahrhundert, im selben Jahrzehnt entstanden sind, dem ersten des 21. Jahrhunderts. Wir sehen, wie viele Menschen es noch gibt, die einer Arbeit nachgehen, die so oder ähnlich seit jeher betrieben wird, Fischer, die stundenlang auf ihren Stangen ausharren um kleine Fische zu fangen, von denen niemand satt werden kann, Köhler an ihren selbst gebauten Meilern, Energiewirtschaft aus der Frühzeit menschlicher Zivilisation.

IST LEBEN

Wir erleben zeitgleich Steinzeit, Mittelalter und Neuzeit. Wir sind im Bilde. Entscheidend ist nicht wann, sondern wo man lebt. Die einen arbeiten in hochentwickelten Industriegesellschaften mit geregelten Arbeitszeiten, sozialversichert, krankenversichert, mit bezahltem Urlaub und gesicherter Altersversorgung. Sie profitieren von gesetzlichen Regelungen zum Kündigungsschutz, können auf eine Gewinnbeteiligung oder Betriebsrente hoffen. Das alles ist kein Verwöhnprogramm, sondern in Jahrzehnten mühsam erkämpfter sozialer Fortschritt. Das System ist nicht perfekt, weist Lücken auf und Ungerechtigkeiten, aber die Klagen darüber bewegen sich im Vergleich zu den Arbeitsbedingungen in vielen Ländern auf sehr hohem Niveau.

Es gibt immer noch Sklaverei, Ausbeutung, Zwangsarbeit und Menschenhandel. Es gibt Arbeitslager, menschenverachtende Arbeitsbedingungen, schlampig gebaute, einstürzende Textilfabriken, Bergwerke, die sich als Todesfallen erweisen.

Alte Berufe sterben. Neue Technologien revolutionieren die Arbeitswelt. Jeden Tag entstehen neue Tätigkeitsfelder. Noch vor zwanzig Jahren war es undenkbar, dass die Entsorgung von Elektronikschrott einmal zu einer Wachstumsbranche werden wird, die in der Dynamik alles andere übertrifft. Weltweit wächst der Müllberg ausgemusterter elektronischer Geräte um 75 Tonnen pro Minute. Sie landen auf wilden Müllkippen in Accra oder auf den Computerschlachtfeldern im chinesischen Wuhan.

Neue Branchen entstehen. Giftmüll wird zur Handelsware, Atommüll schafft Jobs ohne Ende, in denen Menschen ohne Rücksicht verheizt werden. Was für eine Aufgabe, einen strahlenverseuchten Kinderspielplatz zu entgiften, der durch die Atomkatastrophe von Fukushima für Jahrtausende unbespielbar geworden ist. Das Bild wirkt grotesk und auf gespenstische Weise absurd, Zeitdokument einer Hybris, die hilflos und in Schutzanzügen hinter dem Scheitern ihrer Großprojekte hertappt.

Doch die Bilder in diesem Buch erzählen auch von Handwerksberufen, deren Arbeit in absehbarer Zeit nicht von Hightech-Robotern übernommen werden kann. Kein Computer wird Orgeln bauen können. Auch das Kunsthandwerk eines Tätowierers wird so schnell nicht von Stechautomaten oder 3-D-Scannern ersetzt werden. Das komplexeste, feinfühligste Werkzeug ist immer noch die menschliche Hand.

So kann dieses Buch auch als Plädoyer in Bildern gelesen werden. Für eine selbstbestimmte Arbeit, die Werte schafft, die den Fähigkeiten der Menschen gerecht wird und ihre Potenziale weckt, die angemessen bezahlt wird und über das Arbeitsleben hinaus soziale Sicherheit garantiert. Arbeit, die niemanden hungern lässt und die den Wohlstand ebenso sichert wie den sozialen Frieden einer Gesellschaft.

DER TIGER IM TANK Und ewig lockt das Öl. Weil in der Einöde des US-Bundesstaates North Dakota mehr als 3000 Meter unter der Erde ein Ölfeld von 24 Milliarden Barrel gefunden wurde, zieht es Abenteurer und Glücksritter zu den inzwischen mehr als 7000 Bohrlöchern an der kanadischen Grenze. Im neuesten Ölstaat der USA stehen Tanklaster Schlange. Zeit genug für die gründliche Tankreinigung mit Bürste und tätowiertem Muskelspiel

LUFTNUMMER AM STRAND Großbritannien. Grafschaft Lancashire, Blackpool, deutsch: das schwarze Loch, Pleasure Beach für Millionen. Am Strand der Irischen See sind gerade silbern glänzende Ballons im Angebot, vermutlich flugtauglich, Nonsense an der Leine. Blackpool, Sehnsuchtsort der Briten. In der Fun City an der Irischen See sterben mehr Menschen als sonst irgendwo im Vereinigten Königreich

MOBILER FAMILIENBETRIEB Istanbul. Dort drüben beginnt Asien. Weil das Geschäft gerade nicht so läuft, haben Vater und Sohn ihren Verkaufswagen mit den Sesamkringeln angehalten und blicken aufs Marmarameer, die vorbeiziehenden Schiffe und den Kontinent am anderen Ufer. Langweilig ist das nie. Das Binnenmeer verbindet Mittelmeer und Schwarzes Meer, bildet die Grenze zwischen Asien und Europa und ist leider ziemlich verschmutzt

LASTENVERTEILUNG IM HOCHLAND In Vietnam arbeiten zwei Drittel der Menschen in der Landwirtschaft. In Sapa, der Reisbauernprovinz im Nordwesten des Landes, schleppt ein Bauer Gras, Biotreibstoff aus nachwachsenden Rohstoffen für Wasserbüffel. Die Zugtiere sind im traditionellen Reisanbau unentbehrlich und als Traktoren, die man auch essen kann, vielseitig verwendbar. Allerdings schaden ihre methanhaltigen Abgase dem Weltklima

WERTSCHÖPFUNG AUS DEM HANDGELENK Indien, Uttar Pradesh. Ein Mann schüttet Rosenblüten aus seinem Bastkorb auf den Boden zum Trocknen an der Sonne, erster Schritt einer tausend Jahre alten Methode, das wertvolle Rosenöl zu gewinnen. Aus drei Tonnen Rosenblüten wird ein Liter der kostbaren Essenz destilliert, gefragter Rohstoff für die Pharma- und Kosmetik-Industrie. Der Weltmarktpreis liegt inzwischen bei bis zu 5000 Dollar pro Kilo

FANG IM SCHNECKENTEMPO China. Algenblüte im Taihu-See. Ein Fischer gründelt mit dem Kescher nach Flussschnecken, einer begehrten Delikatesse. Auf dem legendären Chong'an-Nachtmarkt in der nahen Millionenstadt Wuxi zählen sautierte Flussschnecken zu den Favoriten unter den regionalen Spezialitäten. In den Imbissständen werden die Chaotianluo gern mit aromatischen Heilkräutern gewürzt, was den etwas unangenehmen Geruch übertönt

REICHE ERNTE IM GRÜNEN Frühjahr in Ya'an, am Oberlauf des Jangtsekiang. In der Provinz Sichuan am östlichen tibetanischen Hochplateau beginnt die Teeernte. Frauen der Qiang, einer ethnischen Minderheit, die nur 0,4 Prozent der Bevölkerung ausmacht, pflücken Teeblätter, die vor allem für den Export bestimmt sind. China exportiert ein Zehntel seiner Produktion, im Schnitt 1,75 Millionen Tonnen pro Jahr, davon 300 000 nach Übersee

QUALITÄTSARBEIT NACH PUNKTEN Vancouver. Ein Wissenschaftler indischer Herkunft in einem Treibhaus-Labor. Kanada, weltweit führend in der Einwanderungspolitik für qualifizierte Arbeits-Immigranten, steuert die Zuwanderung mit einem Punktekatalog, in dem Bildung, Sprachkenntnisse und die Chancen auf dem Arbeitsmarkt bewertet werden. Wer 67 von 100 erreicht, darf hinein und seine Familie mitbringen. Kanadier stammen aus 200 Ländern

MARMOR, STEIN UND EISEN Italien. Toskana. In den Marmorbrüchen von Carrara meißelt ein Arbeiter mit dem Schlaghammer ein Sprengloch in den Stein. Das kostbare Material, mit dem Michelangelo seine Pietà, seinen Moses und seinen David schuf, wird seit Beginn des Maschinenzeitalters in großen Blöcken abgebaut. Von rund fünf Millionen Tonnen Marmor im Jahr geht die Hälfte in arabische Länder für den Bau von Großflughäfen oder Moscheen

IM AUGE DES VULKANS Indonesien. Java. Am Grund des Ijen-Kraters schultert ein Schwefelstecher das Joch, um das gelbe Gestein in Körben nach oben zur Wiegestation zu tragen. Ein hochgefährlicher Job. Giftige Nebelschwaden aus Erdspalten legen sich auf die Atemwege. Gasausbrüche forderten schon viele Todesopfer. Kaum ein Mann hier wird älter als 50 Jahre, aber er verdient neun Euro am Tag, fünfmal mehr als ein Kaffeepflücker

KOPFARBEIT IN STAUB UND HITZE Bangladesch. In einem Ziegelsteinlager bei Sonargaon laden sich Arbeiter Lehmziegel auf den Kopf. Je nach Gewicht ihrer Traglasten verdienen sie mit der Schlepperei zwei bis vier Dollar am Tag. Die schweren Lehmböden am Fluss Burinaga sind für die Produktion von Ziegeln ideal. Dort werden sie aufgereiht und an der Sonne getrocknet. Im Holzkohleofen gebrannt, erhalten sie ihre charakteristische rote Farbe

AM ENDE BLEIBT IMMER DER ABWASCH Indien. Pushkar in der Provinz Rajastan. Ein Mann vor getaner Arbeit, einer von 1,2 Milliarden Menschen in der größten Demokratie der Erde, in einem Land mit vielversprechender Zukunft, in dem dynamischer Fortschritt und Rückständigkeit weit auseinanderklaffen. Die Zahl der gastronomischen Betriebe wurde noch nicht zuverlässig ermittelt. Aber zu jeder Küche gehört einer, der für den Abwasch zuständig ist

RETTUNGSEINSATZ UNTER TAGE

Heilongjiang im Nordosten Chinas. Rettungsmannschaften fahren ins staatliche Xingxing-Kohlebergwerk ein, um nach Überlebenden einer Schlagwetterexplosion in 400 Meter Tiefe zu suchen. 87 Kumpel sind umgekommen, die Hoffnung noch Überlebende zu bergen, wird sich nicht erfüllen. Chinas Bergwerke sind die gefährlichsten weltweit. Aus Kostengründen halten sich viele Zechen nicht an Sicherheitsvorschriften

DEM HIMMEL SO NAH Bremen. Angetan mit Koller und Zylinder, der klassischen Arbeitskleidung seiner Zunft, ist Bezirksschornsteinfegermeister Harald Eickhoff im Dachstuhl der historischen St.-Stephanikirche unterwegs. Unter machtvollem Gebälk über dem Hauptschiff hat er schon den Schornsteinschacht ausfindig gemacht, den er mit der Kehrleine von Dreck und Ruß säubern wird. Hinter ihm runden sich die Hauben der Deckenkuppeln

IN DER HITZE DER NACHT Goa. Ein Köhler hält Nachtwache an seinem Meiler. Er ist mit seiner Familie aus dem armen Bezirk Belgaum hierher gezogen, um als Saisonarbeiter für etwa drei Dollar am Tag Holzkohle zu produzieren, eine in Ländern der Dritten Welt immer noch wichtige Energiequelle. Die Verschwelung von Holz unter Luftabschluss ist seit dem Altertum unverändert. Ohne Holzkohle hätte es weder Bronze- noch Eisenzeit gegeben

SANDSTURM IN DER BRENNKAMMER Nordrhein-Westfalen, Kamp Lintfort. Dieses Bild hat es noch nie gegeben, denn kein Fotograf und keine Kamera halten so einen Sandsturm aus. Der Fotograf Julius Schrank wollte es trotzdem wissen. Vermummt und mit abgeklebter Nikon fotografierte er durch eine Luke einen Arbeiter in Schutzkleidung und Sauerstoffmaske, der mit einem Sandstrahlgebläse den ausgeschalteten Brennofen einer Müllverbrennungsanlage reinigt

IM SOJAGEBIRGE VON MATO GROSSO Brasilien. Im Silo von Sorriso zeigt ein Mann dem Sojagebirge, was eine Harke ist. Die Wunderbohne, weltweit wichtigste Ölsaat, sichert auf stetig wachsenden Anbauflächen die Zukunft des Biodiesels und als unentbehrliches Tierfutter die Fleischproduktion. Nur zwei Prozent dienen menschlichem Verzehr. In der Weltrangliste der agrarindustriellen Sojaproduktion steht Brasilien hinter den USA auf Platz zwei

PERSPEKTIVEN MIT WEITBLICK Ningbo heißt eigentlich ruhige Welle, aber die 7000 Jahre alte Stadt an der Mündung des Yangtse zählt heute 5,7 Millionen Einwohner, hat sich zur Boomtown mit dynamischem Wachstum entwickelt und ist zu einem der wichtigsten Häfen Chinas geworden. Wolkenkratzer schießen in die Höhe und wegen der dicken Luft haben Fensterputzer gut zu tun. Dieser sorgt im 23. Stock eines Hotels für klare Sicht auf den Aufschwung

ZAHNPFLEGE BESENREIN Shanghai. Dreimal pro Woche werden den Flusspferden im Zoo die Zähne gereinigt, was sie durchaus genießen. Das Nilpferd, verwandschaftlich nicht den Pferden, sondern den Walen am nächsten, kann bis zu fünf Meter lang werden und wiegt bis zu vier Tonnen. Es gilt als gefährlichstes Tier Afrikas und bewegt sich, wenn es sich ärgert, schneller als jeder Mensch. Aber lieber ruht es den ganzen Tag im Wasser

EIN SCHWEIN UNTER FEUER Hannover. Im Schlachthof ist es heiß. Ein Metzger richtet den Flammenwerfer auf den Kopf eines Schweines. Die geschlachteten und ausgebluteten Tiere durchlaufen in einer automatischen Hängevorrichtung Brühkessel und Brennkammern zum Entborsten. Die Nachentborstung der abgebrühten Schwarte wurde früher per Handarbeit mit der Kratzglocke erledigt. Im vollautomatisierten Schlachtbetrieb hat sich die Feuerentborstung durchgesetzt

ZWISCHENFALL AM BADESTRAND Im französischen Badeort Les Sables-d'Olonne haben Bergungskräfte damit begonnen, die sterblichen Überreste eines gestrandeten Finnwals transportgerecht zu zerlegen. Wissenschaftler des Forschungszentrums für Meeressäuger in La Rochelle versuchen herauszufinden, warum der 18 Meter lange, tonnenschwere Koloss die Orientierung verloren hat. Häufige Ursache ist der Lärm des zunehmenden Schiffsverkehrs

KRAFTAKT BEI STURM UND MINUSGRADEN Irgendwo am 60. Breitengrad im Beringmeer zwischen Alaska und Sibirien. 24-Stunden-Schicht bei schwerer See auf schlüpfrigem Deck bei minus 18 Grad. Die Seilwinden, mit denen der Fang aus dem Meer gehievt wird, sind mit Eis bepackt, die 300 Kilo schweren Eisenkäfige krachen gegen die Bordwand. Zupacken! Aber wie, wenn die Hände erstarrt sind? „Crabfishing" zählt zu den gefährlichsten Berufen der Seefahrt

DER FANG, DER AUS DER KÄLTE KAM Reiche Beute. Ein Frachtraum voll getaner Arbeit. Corey Arnold, der Fischer, der neun Jahre lang sein Arbeitsleben mit der Kamera dokumentierte, fotografiert seine Kollegen mit der Ausbeute ihrer Fangfahrt. Die Arktischen Seespinnen, von den Fischern „Opies" oder Schneekrabben genannt, sind gefragte Delikatessen, nach denen vor allem Japaner verrückt sind. Sie geben ein Vermögen dafür aus

SCHWERARBEIT MIT HAND UND FUSS Fischfang unter Extrembedingungen. Kopfüber hängt der Mann vom Stamm der Wagenia über den Katarakten der Boyomafälle am Oberlauf des Kongo. Er richtet das Flechtwerk der Reuse, die er danach ins Wasser senkt, um sie auf dem Riff zu befestigen. Unter ihm tost der wasserreichste Fall der Welt, brausen 17 000 Kubikmeter Wasser pro Sekunde vorbei, und mit der rasanten Strömung kommen die Fische

GROSSBAUSTELLE CHINA Changzi im Südwesten der Volksrepublik China. Ein Bauarbeiter beim Schweißen einer Dachkonstruktion. Es geht aufwärts. Kein anderes Land hat solchen Hunger auf Stahl. Fast jede zweite Tonne kommt aus China, 683 Millionen Tonnen pro Jahr, viermal so viel wie die 27 Staaten der Europäischen Union produzieren. Neue Fabriken und Großprojekte brauchen Stahl. Das Milliardenvolk wächst, für Millionen muss Wohnraum geschaffen werden

DELIKATESSEN VON DER STANGE In der Millionenstadt Hangzhou, Hauptstadt der Provinz Zhejiang im Norden Chinas, kommt die Produktion von Trockenfischen vor dem traditionellen chinesischen Neujahrsfest auf Touren. Hangzhou ist berühmt für seine Fischgerichte. Zum Vorabend des Feiertages treffen sich die Familien zum festlichen Gelage, wobei der Teller niemals leer gegessen wird. Fisch bedeutet Wohlstand, und den soll man nie vollständig verzehren

DEUTSCHLAND UNTER STROM In der Netzzentrale in Brauweiler bei Köln sorgen hoch qualifizierte Netzwerker rund um die Uhr dafür, dass in Deutschland das Licht nicht ausgeht. Alle Kraftwerke und 11 000 Kilometer Überlandleitungen des Höchstspannungnetzes sind auf dem Schirm und werden von hier aus fernüberwacht und ferngeschaltet. Außerdem koordinieren sie die Spannungsebenen 380 kV und 220 kV der Stromübertragung im nördlichen Europa

ÜBERFLIEGER ALS BEWEGUNGSMELDER Aufklärung schafft klare Verhältnisse und sichert den Frieden. Im strategischen Konzept der Nato gilt dies besonders für die Luftaufklärung. Soldaten des Airborne Early Warning and Control System, auch AWACS genannt, kontrollieren an Bord einer Boeing E-3 Sentry mit aufgesetztem Rotodrom den Luftraum auf ihren Bildschirmen. In der Nato-Basis in Geilenkirchen bei Aachen sind 17 AWACS-Flugzeuge stationiert

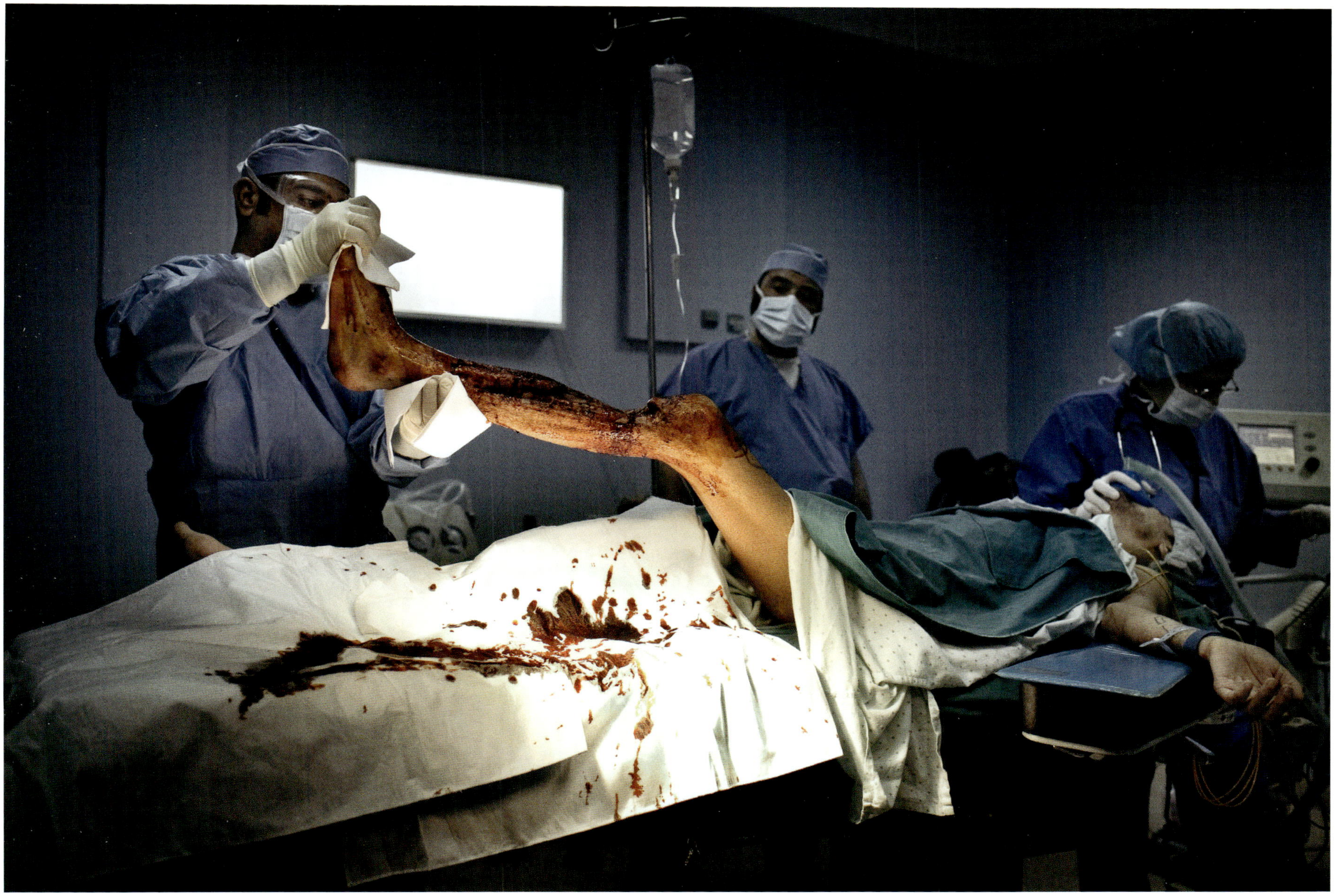

IM SCHATTEN DES GROSSEN MORDENS Jordanien 2008. Mediziner von „Ärzte ohne Grenzen" operieren einen schwer verletzten Iraqi im Hospital des Roten Halbmonds in Amman. Die Ärzte arbeiten heute in relativer Sicherheit. Im Jahr 2004 waren sie nach Angriffen auf humanitäre Helfer gezwungen, den Irak zu verlassen. Zwar geht die Zahl der Opfer im sechsten Jahr des Konfliktes zurück, aber es gibt immer noch jede Woche Dutzende Verletzte und Tote

IM MUSEUM DER MENSCHHEIT Im Reiss-Engelhorn-Museum in Mainz kommen Mumien aus südamerikanischen und asiatischen Frühkulturen auf den Tisch. Das German Mummy Project, eines der größten Forschungsprojekte weltweit, dient der Untersuchung und Restaurierung. Es versammelt Anthropologen, Anatomen und Mediziner, Physiker, Chemiker, Biologen und Humangenetiker unter einem Dach, um die Lebensumstände vergangener Kulturen zu erforschen

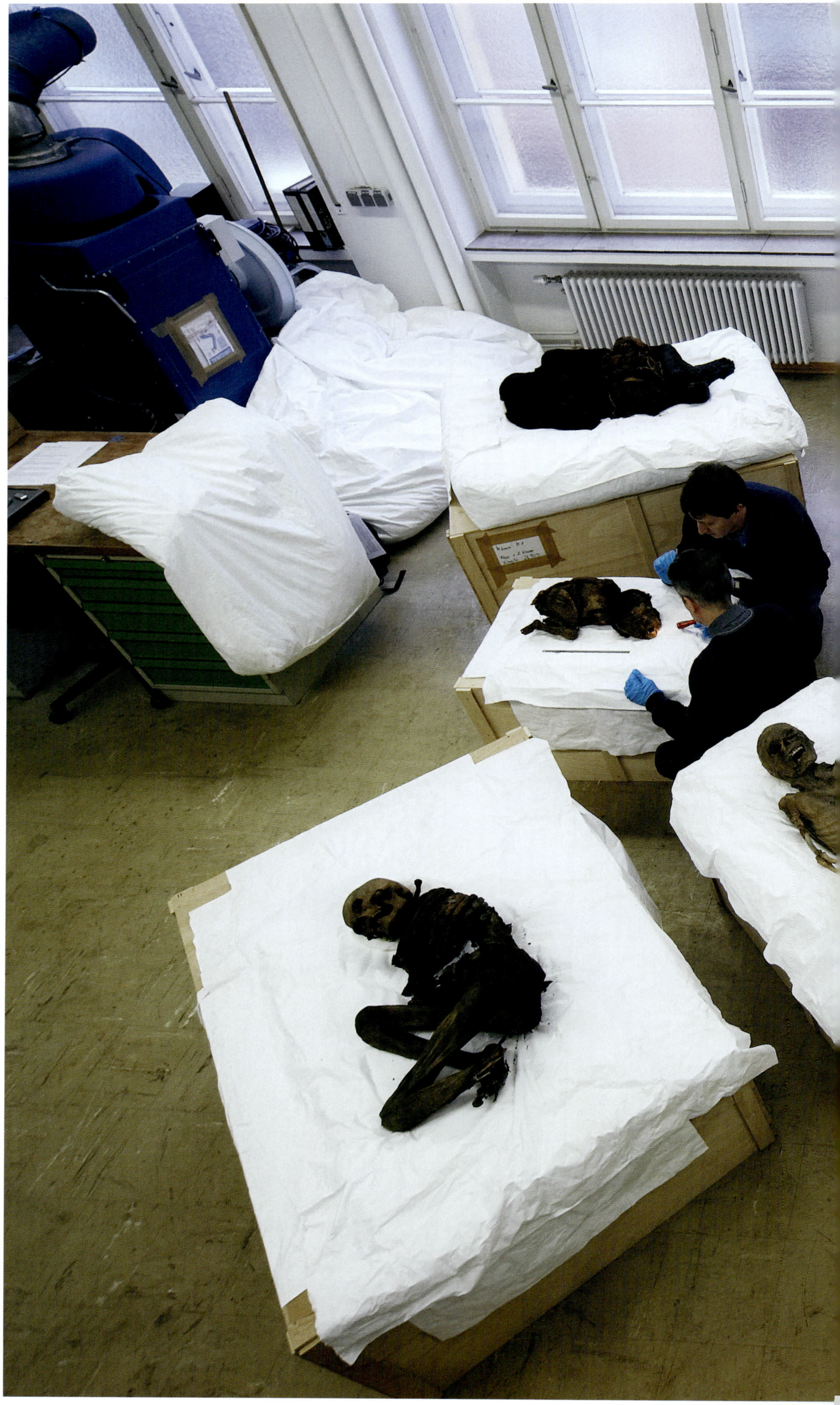

DIE GLÄSERNEN RIESEN VON CHIHUAHUA

Mexiko. Seit Arbeiter der Bergbaufirma von Naica zur Jahrtausendwende zufällig auf die Cueva de los Cristales, die Höhle der Kristalle, gestoßen sind, erforschen Wissenschaftler 300 Meter unter der Wüste von Mexiko die mächtigen Selenit-Kristalle. Die bis zu 14 Meter langen Blöcke aus durchscheinendem Gips sind die größten Kristalle der Erde. Bei 55 Grad Hitze sind sie in rund 350 000 Jahren entstanden

DURCHBRUCH MIT BOHRMASCHINE Geschafft! Nach fast vier Jahren gelingt der Durchbruch des Gotthard-Basistunnels bei Faido. Im Schneckentempo von höchstens 40 Metern am Tag hatte sich die neun Meter hohe Tunnelbohrmaschine durchs Penninische Gneis und eine Störzone aus Zuckerdolomit gefräst. Acht Menschen kamen dabei ums Leben. Für den mit 57 Kilometern längsten Eisenbahntunnel der Welt wurden 28 Millionen Tonnen Gestein beiseitegeräumt

BIOLOGEN UNTER UNTERDRUCK Hamburg. Im Bernhard-Nocht-Institut für Tropenmedizin arbeiten Wissenschaftler in Labors der höchsten biologischen Sicherheitsstufe S 4. Sie tragen mit Pressluft aufgeblasene Schutzanzüge und haben täglichen Umgang mit hochansteckenden, gefährlichen Erregern, wie dem Ebola-Virus oder dem SARS-Erreger. Damit sie unter keinen Umständen in die Außenwelt gelangen, herrscht in den Labors konstanter Unterdruck

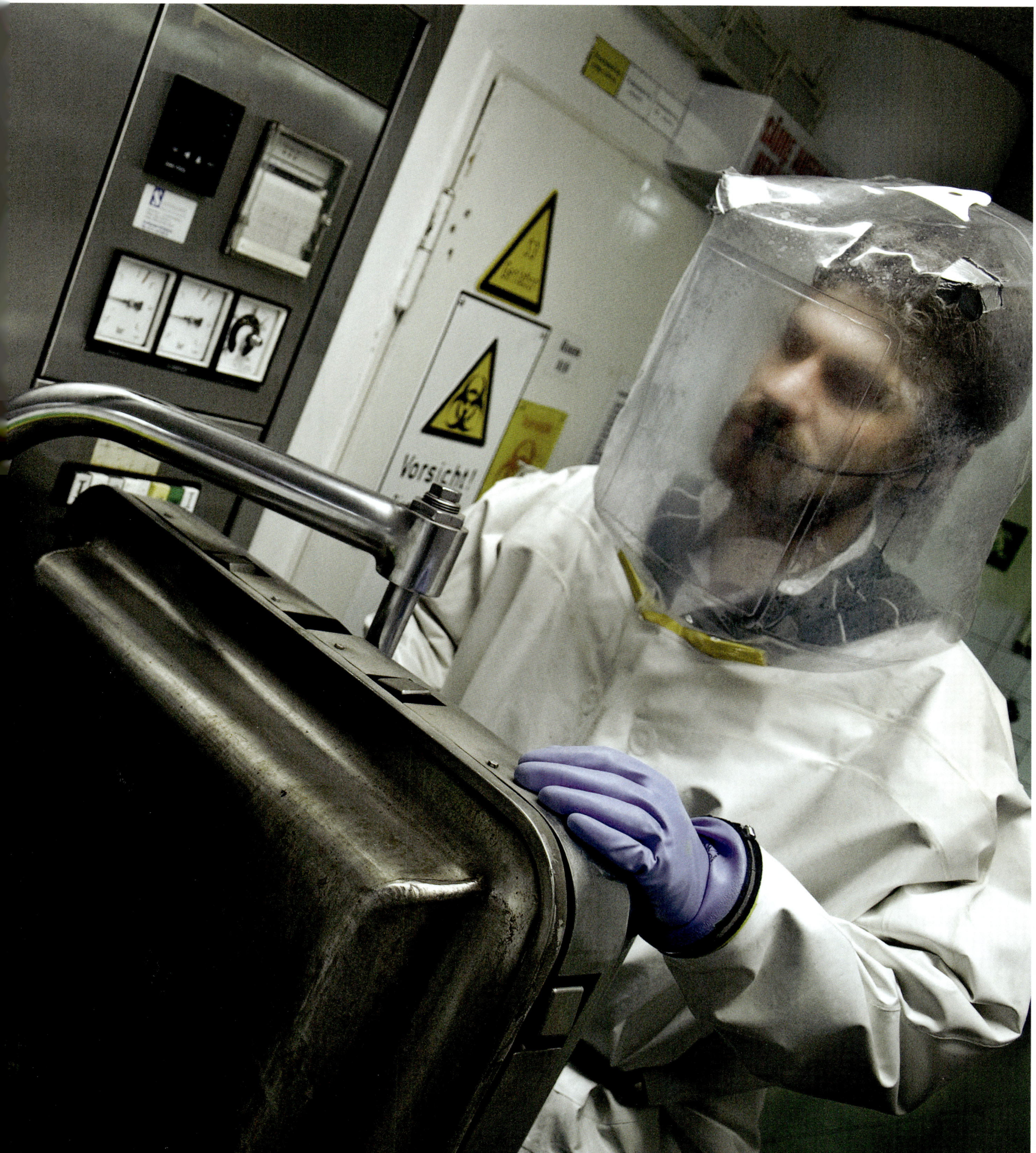
Vorsicht!

TELEFONDIENST IM EUROPA OHNE GRENZEN Dublin. Warum arbeitet Nissi Mwata, Schwedin mit afrikanischen Wurzeln, in Irland? Weil sie unter anderem perfekt Deutsch spricht. Im Lufthansa-Callcenter in Dublin führt sie deutschsprachige Anrufer mit Kompetenz und Engelsgeduld durchs Labyrinth der Tarife und Flugpläne. Ihr Arbeitsplatz ist ein multikultureller Mikrokosmos, in dem 400 junge Leute aus 25 Ländern Anrufe aus 12 europäischen Staaten bearbeiten

KONTAKTPFLEGE IN TAMIL NADU In Coonoor, dem Touristenort im Hochland von Tamil Nadu, erscheint Stromversorgung wie ein akrobatischer Zweig der Kreativ-Wirtschaft. Doch der Eindruck täuscht. Der südlichste Bundesstaat Indiens leidet zwar unter gelegentlichen Stromausfällen, produziert aber einen Überschuss an Elektrizität und steht für Fortschritt, internationale Industrieansiedlung und Spitzenleistungen in der Informationstechnologie

DARMSAITEN FÜR HARFEN United Kingdom. Kings Lynn, Norfolk. Im Trockenraum der Bow Brand Manufaktur prüft David Chilvers, ob die Darmsaiten für Konzertharfen schon ausgehärtet sind. Sie kommen direkt vom Schlachthaus, wurden eingeweicht und gestreckt. Der Meisterbetrieb liefert je nach Tonhöhe 47 verschiedene Längen. Saiten aus Rinderdarm sind reißfest, dehnbar und für ihren warmen Grundton und das klare Obertonspektrum berühmt

ALLES UNTER KONTROLLE IM REICH DER MITTE Volksrepublik China. Huaibei. Eine Arbeiterin in einer Textilfabrik im Osten des Landes. Dass China scheinbar mühelos weltweit die größten Währungsreserven ansammeln und Deutschland als Exportnation Nummer eins abhängen konnte, verdankt es vor allem dem Fleiß und der Effizienz seiner extrem billigen Arbeitskräfte. Doch inzwischen unterbieten Billiglohnländer wie Vietnam oder Indien den Champion aller Boomstaaten

TOKIO – CHAOS IST FRUCHTBAR Tokio. Einblick ins Headoffice der Werbeagentur Dentsū. Im fensterlosen Büro des 22 Jahre alte Texters Shohei Kobayash dokumentieren wachsende Papierberge den Ideenreichtum des Kreativen. Dentsū wurde durch Schlucken, Übernehmen und Fusionieren zur größten Werbeagentur der Welt, ist beteiligt an Fernsehsendern und Medienunternehmen und betreibt Agenturen in Asien, Amerika und Europa und im Mittleren Osten

Aoi Advertising Pro

FULL SERVICE BEI MADAME PIPI Madame Marie France Férreol hat von ihrem Verschlag aus alles im Blick und alles unter Kontrolle. Ihr Arbeitsplatz ist die öffentliche Toilette vor dem Gerichtsgebäude im südfranzösischen Perpignan. Ihre Besucher wollen naturgemäß alle nur das eine, und Madame Pipi (Niemand würde in Frankreich Klofrau sagen!) behandelt alle gleich. Jeder bekommt von ihr vier Blatt Toilettenpapier (zusammenhängend) überreicht

FRAUEN IM STAATSDIENST – EIN BEHÖRDENGANG Deutschland. Zwei Amtsstuben, zwei Milieus. Eine Sachbearbeiterin der Bundesagentur für Arbeit in Nauen, Brandenburg, und eine Beamtin der Bundespolizei in ihrem Dienstraum in Berlin. Die Fotografin Lene Münch hat sich mit der Kamera auf eine Inspektionsreise in die Arbeitswelt der Beamten begeben und gewährt mit der Bildserie „Der Apparat" absichtsvoll unspektakuläre Einblicke in deutsche Ämter und Behörden

ELEGANZ ALS MASSANFERTIGUNG Florenz. Die Mannina Schuhmanufaktur, 1953 im historischen Zentrum gegründet, ist das, was man eine erste Adresse nennt. In der Via de' Barbadori, zwischen Ponte Vecchio und Palazzo Pitti, fertigt Cologero Mannina rahmengenähte Schuhe nach Maß im traditionellen italienischen Stil, unverwüstlich, passgenau und elegant, aus ausgesucht feinem Leder, Handarbeit, die in Würde altert und nie ihren Glanz verliert

DER BLINDE PORTIER Jean Baldo, blind von Geburt an, arbeitet in der Wintersaison als Concierge im noblen Hotel Waldhaus in Sils Maria, in dem schon Albert Einstein, Thomas Mann und David Bowie abgestiegen sind. Im Sommer bedient er im Dunkelrestaurant Blindekuh in Zürich. Er hat ein feines Gehör für die Stimmungen und Stimmen seiner Gäste, spürt ihre Gereiztheit und was ihr Atem über ihre Ängste und Gefühle aussagt

IM GEHEIMARCHIV DES VATIKANS Italien. Vatikanstadt, Bibliotheca Apostolica Vaticana. Luca Becchetti, Historiker und Restaurator, arbeitet im unterirdischen Sala delle Pergamene. Anfang des 17. Jahrhunderts ließ Papst Paul V. das Geheimarchiv der Vatikanischen Bibliothek anlegen, in der auf 85 Regalkilometern die diplomatische Korrespondenz der Päpste verwahrt wird. Inzwischen hat die Wissenschaft Zugang zum Allerheiligsten erhalten

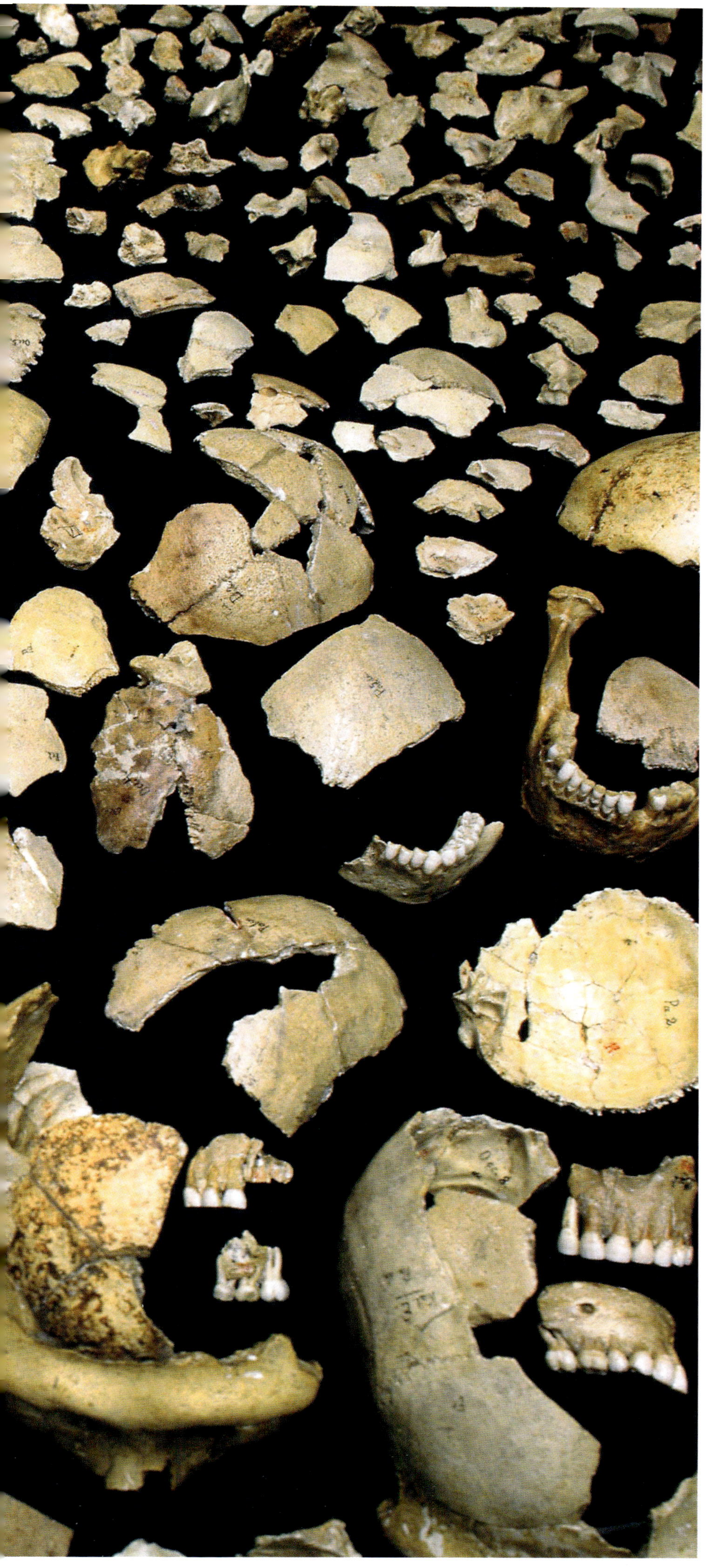

KNOCHENJOB FÜR DIE WISSENSCHAFT Woher kommen wir? Für den Paläontologen Prof. Jakov Radovčić ist die Frühgeschichte menschlichen Lebens ein Puzzle aus Knochenfunden. Im Naturhistorischen Museum in Krapina bei Zagreb untersucht er die sterblichen Überreste von 130 000 Jahre alten Neandertalern, deren Knochen 1899 in einer Höhle in Krapina entdeckt wurden. Das Museum ist weltweit eine der bedeutendsten Forschungsstätten für Neandertaler

IM ANGESICHT DES VERBRECHENS Spanien, Piedrafita de Babia in der Provinz León. Freiwillige des „Verbands zur Wiedererlangung des historischen Gedächtnisses" öffnen ein Massengrab, in dem während des Bürgerkieges ermordete Republikaner verscharrt wurden. Es gibt viele solche Gräber. Jahrzehntelang wurde ein Mantel des Schweigens über die Verbrechen der Franquisten gelegt. Jetzt sind Gemeinden verpflichtet, Exhumierungen zu unterstützen

ALLES MIST Auf der Guanape-Insel schleppen Arbeiter Säcke mit wertvollem Naturdünger: Guano. Alle fünf bis zehn Jahre wird auf 22 Inseln vor der Küste Perus der Vogelmist eingesammelt. Ein Scheißjob. Aber er ernährt ganze Familien indigener Herkunft. Sie kommen aus dem Hochland des Andenstaates. Wie lange noch, ist ungewiss. Das Meer ist zunehmend überfischt, die Zahl der Seevögel, die vom Fischfang leben, geht zurück

apricot

IN DER HÖLLE VON AGBOBLOSHIE In einem Stadtteil von Accra suchen Kinder im illegal eingeführten Elektronikschrott aus Europa, USA, Kanada und Australien nach Metall, legen Brände, um Plastik von Kupferkabeln zu lösen, brechen Blei aus Röhrenfernsehern, sorglos, ahnungslos im Umgang mit Röntgenstrahlen und tödlichen Giften. Viele sterben an Bleivergiftung, Bluthusten, Hirn- und Nervenschäden, bevor sie das 20. Lebensjahr erreichen

LANDEPLATZ FÜR MÜLL UND MARABUS Kenia. Ein junges Mädchen sammelt Plastiksäcke und stapft durch Nairobis größte Deponie, unbeeindruckt von der Gefahr durch gefährliche Keime und infizierte Krankenhausabfälle. Die Müllkippe von Dandora ernährt rund 3000 Menschen und riesige kahlköpfige Storchenvögel. Es qualmt, es stinkt, giftiger Dunst zieht in die benachbarten Slums, und jeden Tag bringen 500 Laster neuen Unrat. Die Berge wachsen

STUFENSCHNITT ALS LUFTNUMMER Österreich. Im Hochwald bei Linz werden alte Buchenstämme zu Flugobjekten. Baumkletterer haben die Riesen in schwieriger Hanglage Stück für Stück zersägt, Schlingen um die Stämme gelegt und mit dem Transportseil des Helikopters verbunden. Ein Forstmann am Boden sorgt als Fluglotse dafür, dass die abgesägten Teilstücke am Haken sicher entschweben. Die Traglast darf 1400 Kilo nicht überschreiten

AIUT
ALPIN

BERGRETTUNG – EIN ZUKUNFTSJOB Anruf genügt. Ein Bergretter hängt am Seil des Helikopters der Aiut Alpin Dolomites. Der gemeinnützige Verein mit 17 Rettungsmannschaften hat allein 2012 in Fels und Eis, auf Skipisten, Lawinen und an Seilbahnen mehr als 700 Menschen geborgen, davon 35 unverletzt. 29 waren nicht mehr zu retten. Weil Abenteurer, Extremsportler und Tiefschneefahrer kein Risiko scheuen, wird es immer mehr Einsätze geben

DIREKTKONTAKT ZUM UNIVERSUM Inspektion der 30-Meter-Antenne in der Bodenstation der Deutschen Gesellschaft für Luft- und Raumfahrt in Weilheim, 35 Kilometer südwestlich von München. Die größte bayerische Satellitenschüssel hält im Multimissionsbetrieb Kontakt zu den Sonnensonden Helios A und B und unterstützt die Weltraum-Missionen Giotto, AMPTE und Equator-S. Die Daten werden digitalisiert nach Oberpfaffenhofen übertragen

WILLKOMMEN IM CLUB! Spanien. Fuerteventura. „Flo", Animateur im „Robinson Club Jandia Playa" zeigt Flagge. Cluburlaub liegt im Trend, das unbeschwerte Leben im Dorf, die Sicherheit einer vertrauten Fremde ohne Kriminaliät und soziale Konflikte. All inclusive: Fitness, Spiel, Sport, Yoga und Life-Entertainment mit Kinderbetreuung und Superbüffet. Full Service im straff organisierten Schlaraffenland inszenierter Entspannung

REGENSCHIRM IM TEST Regenschirme können gefährlich werden, wenn sie bei Wind auseinanderfliegen. Hier wird ein Schirm von einem Ingenieur des Technischen Überwachungsvereins (TÜV) Rheinland einer Windmaschine ausgesetzt. Die „abschätzende Windlastprüfung" ist Teil der technischen Sicherheitskontrollen und Produktprüfungen, ohne die kein Schirm in Europa auf den Markt kommt. Die Normen und Sicherheitsstandards sind streng

VF 57
VIGILI DEL FUOCO

DAS DRAMA DER COSTA CONCORDIA

Feuerwehrleute sichern sich auf dem Deck des havarierten Kreuzfahrtschiffes Costa Concordia, das mit Schlagseite vor der italienischen Insel Giglio auf Grund liegt. In der Nacht des 13. Januar 2012 hatte das Schiff mit 4200 Passagieren und Besatzungsmitgliedern die unter Wasser verborgenen Felsen gerammt. 32 Menschen kamen ums Leben. Zeitweise mussten auch Rettungskräfte von Hubschaubern gerettet werden

GAUDI AUF DEM WASSERWEG Früher wurden auf der Isar Holz, Steine und Baumaterialien aus dem waldreichen Oberland nach München geflößt. Heute beschränkt sich das Berufsbild des Flößers auf den Abenteuertourismus. Im Sommerhalbjahr buchen vorzugsweise Gruppen die Floßfahrt mit Bierfass und Musik von Wolfratshausen bis Thalkirchen. Am Ende der Reise werden die Flöße zerlegt und als Langholz auf dem Sattelschlepper zurückgefahren

BILDUNGSOFFENSIVE IN KLEINEN SCHRITTEN Venezuela. In den Bergen der Andenprovinz Trujillo. Stolz zeigt Bibliomulero (frei übersetzt: Maultierbibliothekar) Javier Vazquez sattelfest verstauten Lesestoff, während Maultier Cenizo sich einem Powerlunch mit Salatbättern zuwendet. Beide sind für das Programm „Bibliomulas" im Auftrag der Universität Valle del Momboy unterwegs, um Literatur und Kinderbücher in schwer zugängliche Bergregionen zu bringen

KRAFTAKT MIT HÄNGER Schweiz, Kanton Graubünden. Marco und Heidi Giovanoli haben einige Mühe, ein gut genährtes Kalb zu verladen, um es zum Schlachter ins Tal zu bringen. Die Bauern leben in Soglio, einem kleinen Dorf im Bergell, von allerlei Vieh und von 80 Kastanienbäumen als Existenzgrundlage. Die Esskastanien verkaufen sie als Delikatesse an Maronibräter. Doch die meisten verwenden sie als Kraftfutter fürs liebe Vieh

KAMELPRODUKTION IN NORDAFRIKA Tunesien, Sidi Buzid. In der abgelegenen Stadt im Zentrum des Landes fertigen Frauen Huckys, die kinderfreundlich weichen Kamele der Marke Steiff. In der Fabrik nähen und stopfen tausend Frauen für den schwäbischen Hersteller aus Giengen an der Brenz Kuscheltiere und verwandte Produkte. Doch erst in Deutschland bekommt Hucky den berühmten Knopf ins Ohr und ein Zettelchen mit dem Hinweis „Made in Germany"

Steiff

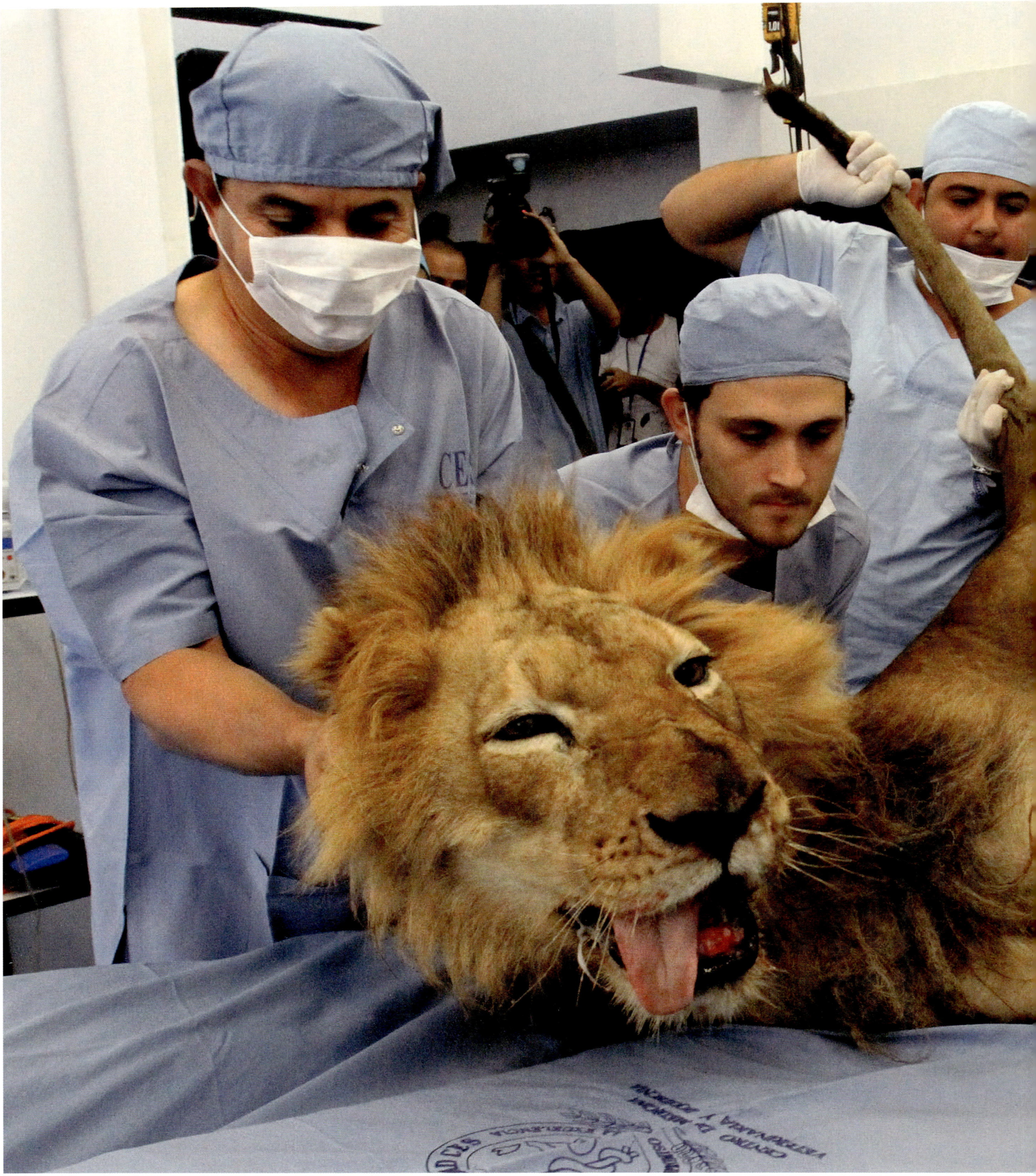

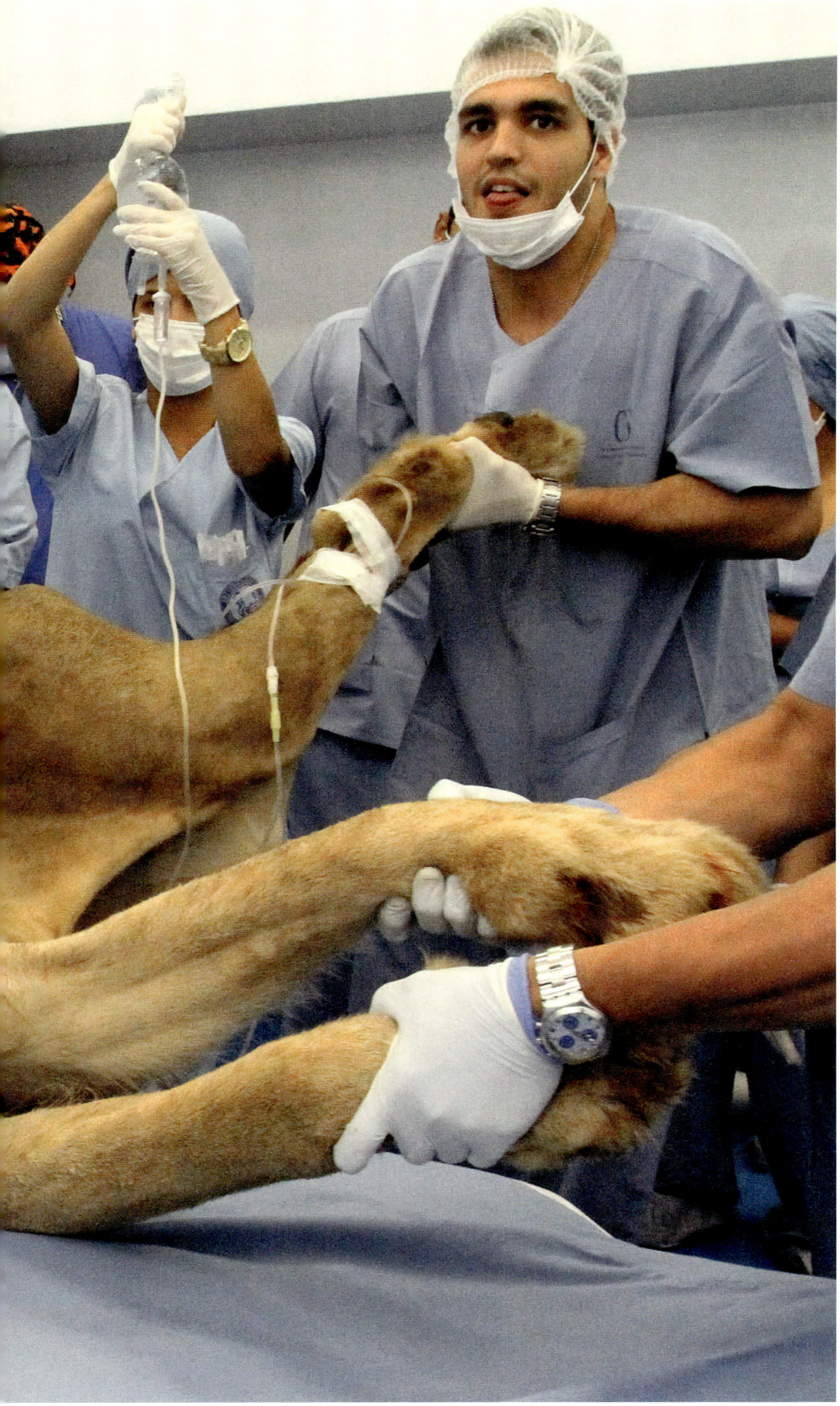

DER LÖWE BEIM ZAHNARZT Kolumbien. Tyson geht k.o. Der 20 Jahre alte Löwe wurde zur Zahnbehandlung in eine Tierklinik in Medellin eingeliefert. Das 300 Kilogramm schwere Tier muss unter Vollnarkose behandelt werden. Löwenzähne sind empfindlich. Löwen in freier Wildbahn sterben oft an einer Zahnwurzelentzündung, viele werden nur fünf Jahre alt. In Zoo oder Zirkus bringen sie es auf 15, bei guter Zahnpflege auch mal auf 25 Jahre

EIN ASTRONAUT KEHRT ZURÜCK Kasachstan, irgendwo in den Weiten der Steppe bei Schesqasghan. Sojus TMA 03M ist sicher gelandet. Betreuer und Sanitäter bringen den US-amerikanischen Flugingenieur Don Pettit, Crewmitglied der Raumstation ISS und Vielflieger im Weltraum, zur ersten ärztlichen Versorgung. Der Mann sieht aus wie ein Außerirdischer, bleich wie von einem anderen Stern. Fragen nach seinem Beruf beantwortet er gern: Entdecker

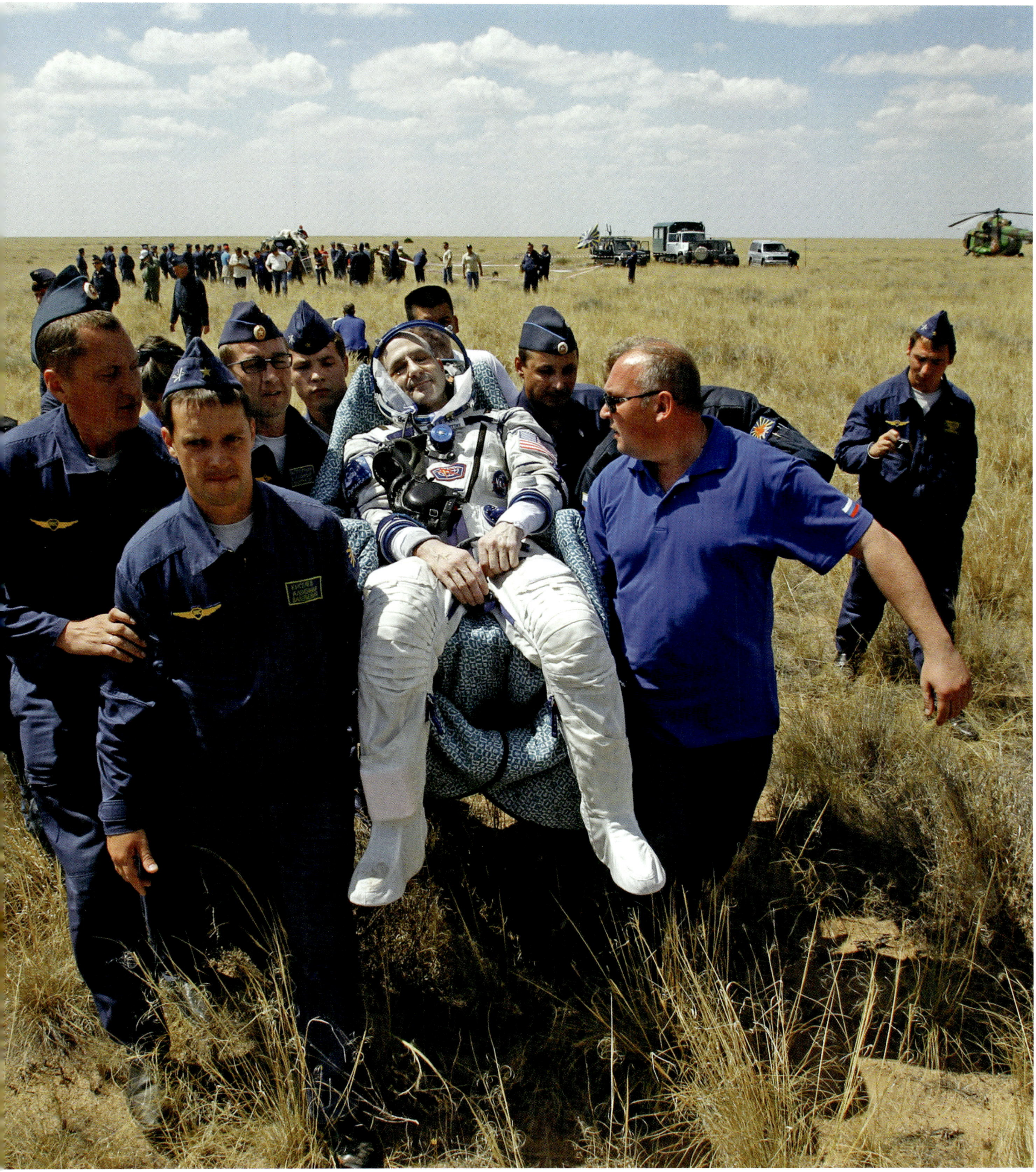

DIE SCHÖNEN VOM RIO SAMBU Panama, Darien. Am breiten Lauf des Rio Sambu hat die Zivilisation der Konsumgesellschaft ihre Vorposten eingerichtet. Die indigenen Ureinwohner der Embera-Stämme lassen ihre Dschungel-Camps hinter sich und entdecken das importierte Schönheitsideal. Was in Deutschland und Mitteleuropa als Tante-Emma-Laden vom Aussterben bedroht ist, erlebt hier seinen zarten Frühling, inklusive Friseursalon und Nagelstudio

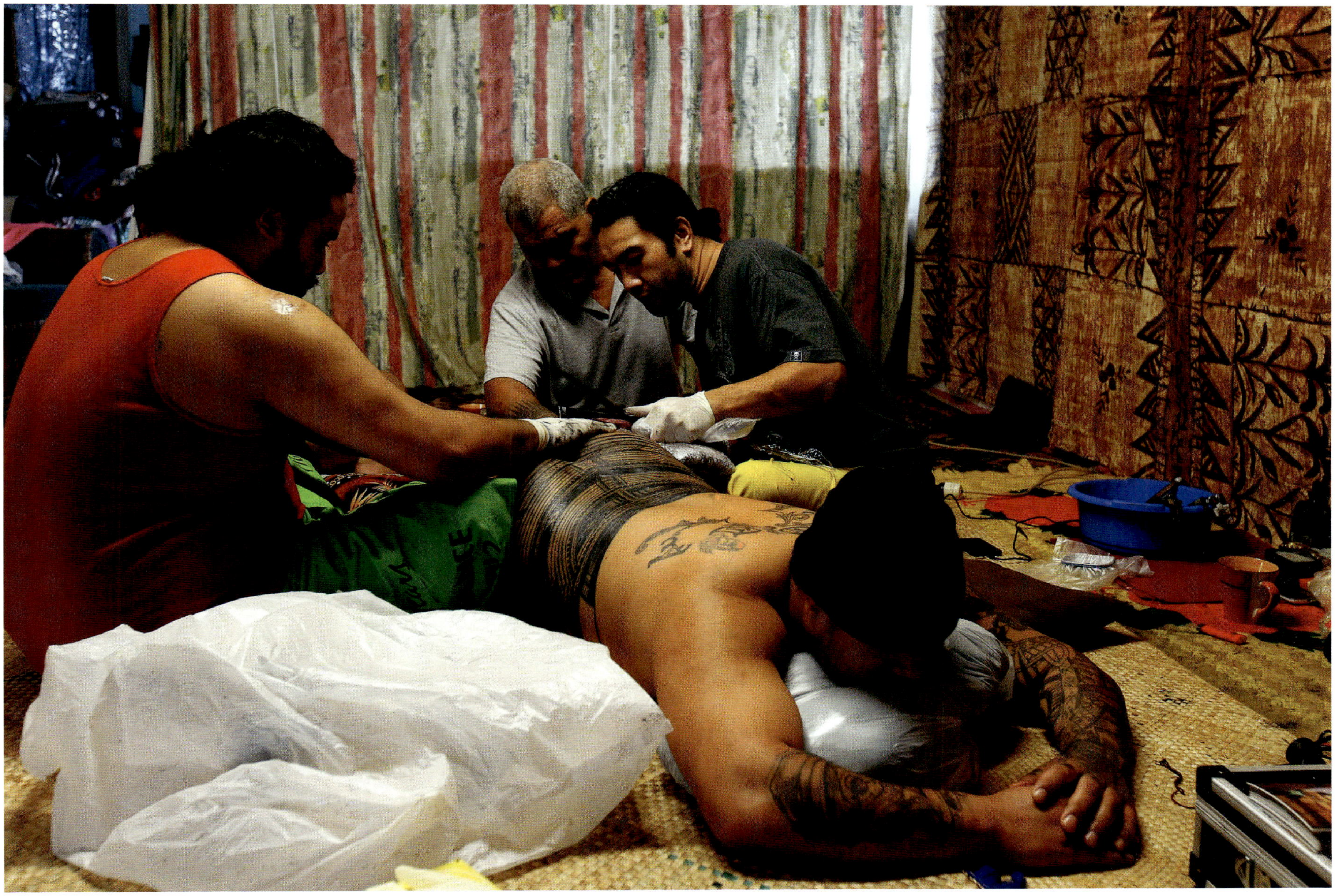

TATTOOS MACHEN DEN MANN ZUM HELDEN Neuseeland. Auckland. Der Tattooist Kasala Laei Sanele (rechts im Bild) sieht den Menschen als Gesamtkunstwerk. Tattoos machen einen Kämpfer attraktiv. Die traditionelle Körperkunst der Maoris kleidet den ganzen Mann, bedeckt Rücken, Bauch und Rectum und dringt weiter bis zu den Knien vor. Der Künstler verwendet ausschließlich handgemachte Werkzeuge aus Knochen, Stoßzähnen, Schildkrötenpanzern und Naturholz

DER KEIMFREIE HAARSCHNITT Vietnam, Mekong-Delta, bei Chau Doc. Ein Friseur schneidet seinem Kunden die Haare. Dass er dabei einen Mundschutz trägt, ist in Asien nicht ungewöhnlich. Maskenträger gehören zum Alltagsbild in Vietnam und anderen asiatischen Ländern, nicht nur um sich selbst und andere vor Viren zu schützen. Es gibt möglicherweise auch einen kulturellen Aspekt: Ein Gesicht, das man nur halb sieht, kann man nicht so leicht verlieren

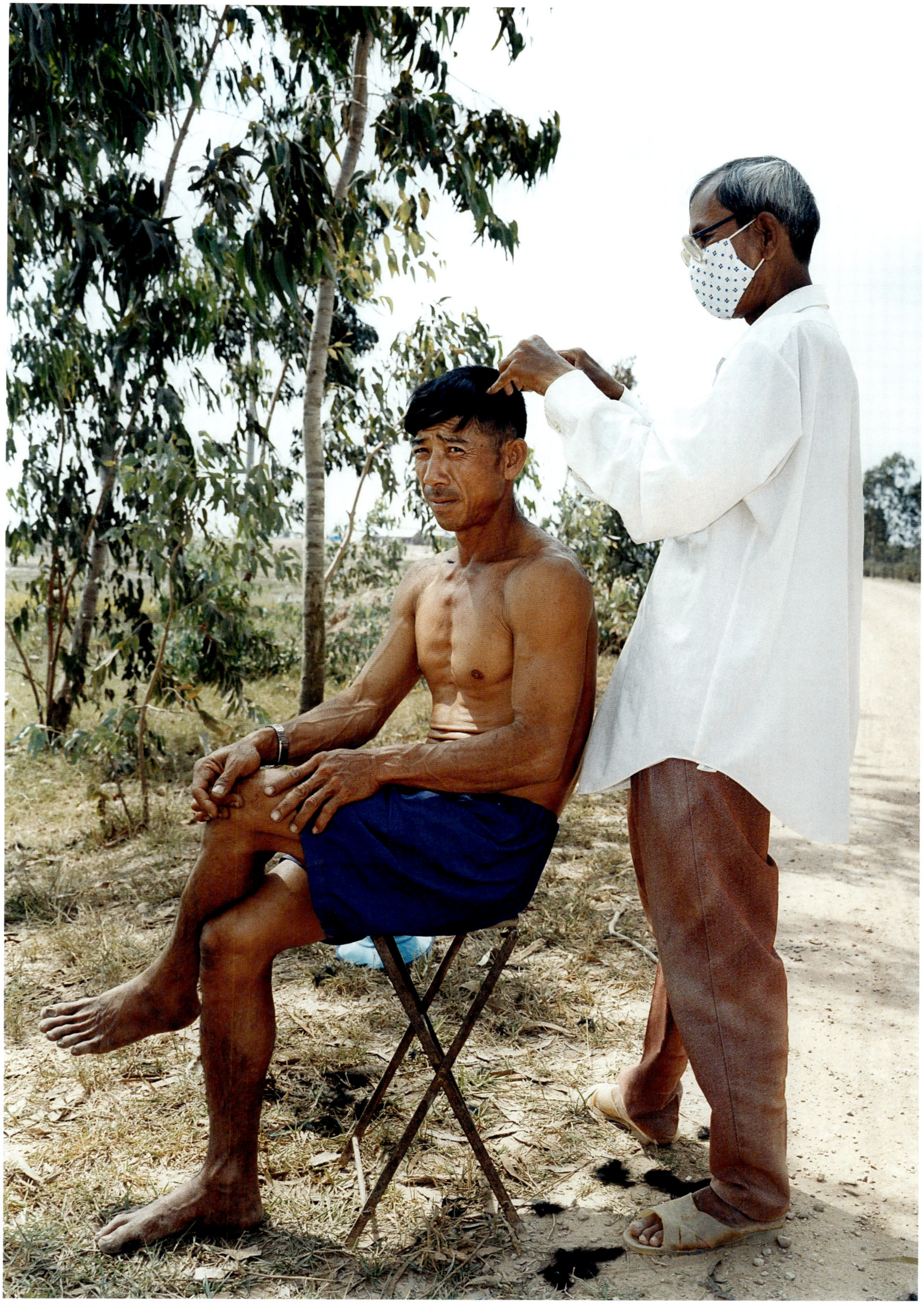

EINE STRASSE IN DIE ZUKUNFT Myanmar. Mrauk U liegt abgeschieden und fern aller Touristenströme im Westen des Landes. Der Fortschritt hat es hier nicht so eilig und naht mit kleinen Schritten, wie diese von Hand gegossene Asphaltstraße. Improvisation ist angesagt, Teamarbeit Ehrensache. Frauen haben den Kies verteilt, die Männer sind für das Finish verantwortlich. Ein ausgedienter Kanister für Speiseöl dient zum Teeren der Straße

DIE HACKER VON NIGERIA Nigeria, Bayelsa. Der Mann mit Hut schleppt einen Schlauch, um Öl in eine illegale Raffinerie am Nun River zu leiten. Tausende leben davon, dass sie Pipelines anzapfen, Öl in privaten Reservoirs bunkern und im Ausland verkaufen. Die kriminelle Schwarzarbeit ernährt viele Familien, zerstört aber auch die Umwelt, verseucht Trinkwasser und Flüsse und schafft etwa ein Fünftel der Ölproduktion des Landes beiseite

DIE TRAGENDE ROLLE DER FRAU Benin. Eine Taschenhändlerin trägt ihre Kollektion zum Dantokpa-Markt im Zentrum von Cotonou, einem der größten Märkte in Westafrika. Die Republik Benin, einst Handelsplatz der Könige von Dahomey, zählt zu den armen Entwicklungsländern und ist vor allem reich an Kindern. Fünf Geburten pro Frau sind die Norm. 75 Prozent der Frauen sind Analphabetinnen. Im Arbeitsleben haben sie schwere Lasten zu tragen

KROKODIL IM EINZELHANDEL Benin. Nationalstraße RNIE 2 nahe Bohicon. Ein junger Mann versucht sich am Straßenrand im Direct Marketing. Im Angebot: ein junges Kaymankrokodil. In Afrika eine Rarität, denn diese Echsen gibt es nur in Amerika. In Benin ist das Crocodylus niloticus suchus heimisch, eine Unterart des Nilkrokodils. Bis zu den 1980er-Jahren war es vom Aussterben bedroht. Seit die Jagd verboten wurde, haben sich die Bestände erholt

OCHSENTOUR IM REISFELD Guizhou im Südwesten Chinas. Ein Mann pflügt sein Reisfeld wie seine Vorfahren vor 7000 Jahren. Halb Schlammschlacht, halb Kraftakt auf fruchtbarem Boden für das Gespann aus Reisbauer und Wasserbüffel. 80 Prozent der Welternte werden im Nassreisanbau gewonnen. Wasserbüffel gelten als friedlich. Nur die Farben gelb und orange bringen sie in Rage. Deshalb machen buddhistische Mönche lieber einen Bogen um sie

DER KLEINE PRINZ München. Im Zoo von Hellabrunn kümmert sich Tierpfleger Simon Obermayer um das drei Wochen alte Elefantenbaby Jamuna Toni. Das bei seiner Geburt 112 Kilo schwere Kalb kam unter großer Anteilnahme der Medien zur Welt. Doch das Muttertier Panang hat es verstoßen. Jetzt versuchen die Pfleger es aufzupäppeln, allerdings, wie sich zeigen sollte, ohne Erfolg. Es starb nach einigen Monaten an einer rätselhaften Krankheit

HUNDESITTER – FÜR EINE HANDVOLL DOLLARS New York. Brooklyn. Ein Hundesitter unterwegs, ein Gelegenheitsjob mit achtfacher Verantwortung. Die Frau führt als Rudelführerin nicht immer handzahme Beutegreifer in einer Stadt spazieren, die rein rechnerisch pro Jahr 40 Millionen Pfund Hundekot einsammeln muss und seit 1978 jede vernachlässigte Liegenschaft mit bis zu 350 Dollar Strafe plus 48 Stunden Sozialarbeit bestraft. Das kann teuer werden

KOPFARBEIT IN WEISSRUSSLAND Ein Kohlfeld bei Radashkovichi nordwestlich von Minsk zur Erntezeit im Herbst. Eine arbeitslose Frau trägt zwei Kohlköpfe nach Hause, die Bonuszahlung, die sie als Erntehelferin für die Plackerei auf dem Feld eines privaten Bauernhofs am Ende eines sehr langen Arbeitstages mitnehmen darf. Außerdem bekommt sie als Tageslohn 60 000 weißrussische Rubel bar auf die Hand. Das entspricht 5,30 Euro

DAS SALZ VON SENEGAL Senegal, Ngaye-Ngaye bei Saint-Louis. Die 16 Jahre alte Khadi Diop trägt eine Schale Salz auf dem Kopf. Die Frage, warum afrikanische Frauen beim Tragen schwerer Lasten auf dem Kopf so wenig Energie verbrauchen, ohne Rückenschmerzen zu bekommen, beschäftigt die Wissenschaft. Offenbar gelingt Frauen im Pendelgang mit leicht verzögertem Schritt eine perfekte Energieausbeute, wovon Männer nur träumen können

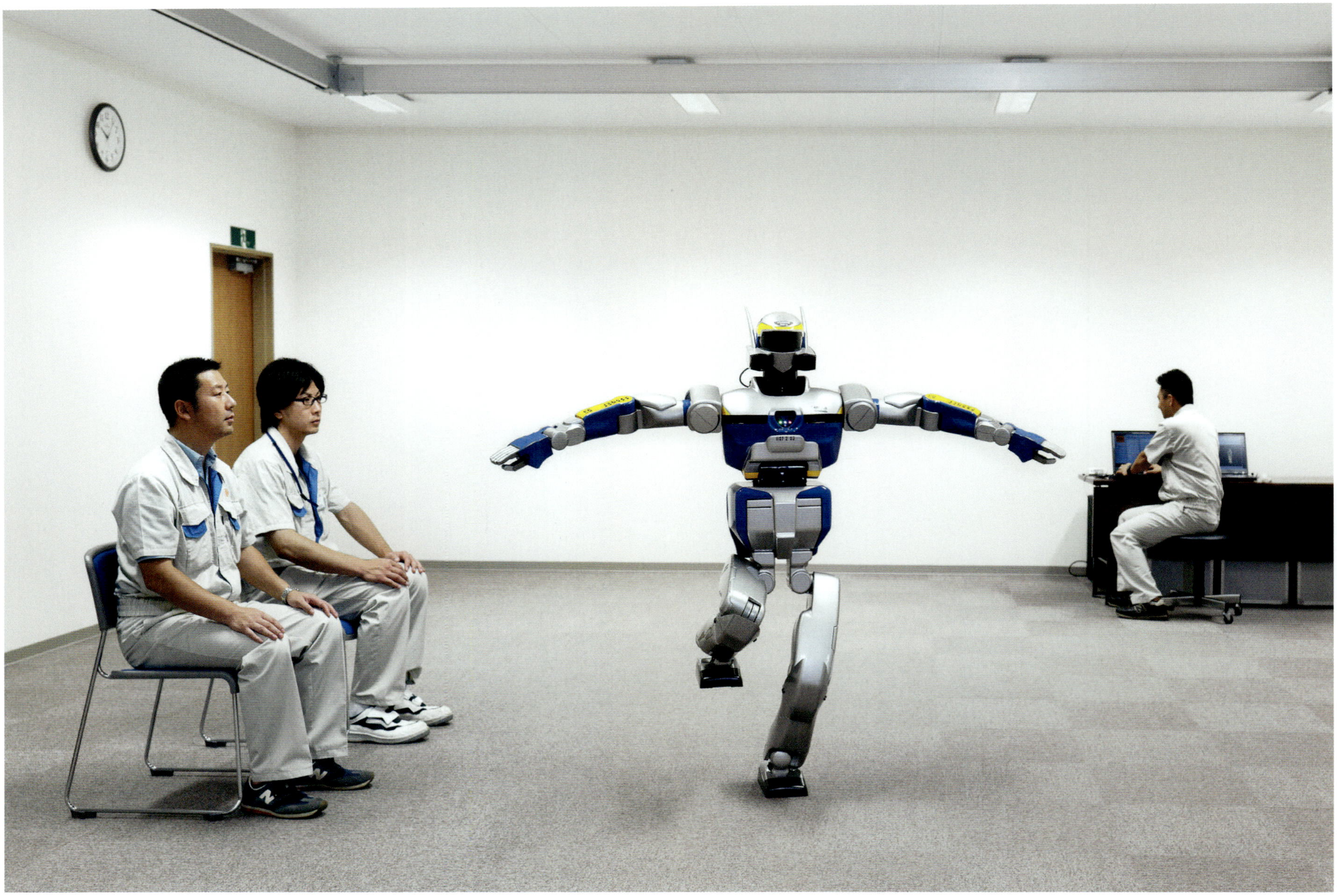

GUTE ZEUGNISSE FÜR HRP-2 PROMET Japan, Tochigi. Das Leben eines Roboters ist voller Prüfungen. HRP-2 Promet von Kawada Industries wiegt 58 Kilogramm, ist 154 cm groß, kann eine Bierdose aus dem Kühlschrank holen, tanzen, ein Orchester dirigieren und sich verbeugen, falls jemand applaudiert. Hier sieht er so aus, als ob er auch Tore schießen könne, aber bei einer Maximalgeschwindigkeit von 2 km/h ist er kaum als Sturmspitze einsetzbar

WILLKOMMEN IM WELTREICH Tokio. Im Hauptquartier des größten Automobilherstellers der Welt sind Gäste willkommen. Das drittgrößte börsennotierte Unternehmen der Welt produziert annähernd zehn Millionen Autos in zwölf japanischen Werken und an weiteren 51 Standorten in 21 Ländern, zählt in 522 Tochterunternehmen über 320 000 Mitarbeiter, braucht aber für seine Konzernzentrale nur drei Empfangsdamen. Ein Muster an Effizienz

SAUBER – KLINISCH REIN Ein Mann, ein Wort. In der Bettenzentrale des Universitätsklinikum Essen schreibt ein Desinfektor „Sauber" auf Klebebänder, die er gleich auf Transportwagen mit keimfreien Material kleben wird. Was wie bürokratischer Wahnsinn aussieht, ist in Wahrheit ein Baustein lebensrettender Prophylaxe. Gegen die Zunahme lebensbedrohlicher Keime hilft nur Präzision bei Desinfektion und kompromisslose Krankenhaushygiene

Sauber
sauber
sauber
Sauber
Sauber
Sauber
Sauber
Sauber
Sauber
Sauber
Sauber
Sauber
Sauber
Sauber
Sauber
Sauber
Sauber
Sauber
Sauber
Sauber
Sauber
Sauber
Sauber

DIE LASCHER AUF DEM CONTAINER-TERMINAL Hongkong. Im zweitgrößten Containerhafen der Welt macht Flutlicht die Nacht zum Tage. Gearbeitet wird rund um die Uhr. Auf dem Ladedeck des Containerschiffs „Heinrich Heine" hat für die chinesischen Lascher die Nachtschicht begonnen. In wenigen Stunden soll das Schiff mit Kurs Manila den Hafen verlassen. Die große Verlade lenkt die Warenströme. Der weltweit größte Seeverkehr findet heute innerhalb Asiens statt

WANDERARBEITER UNTERWEGS Sie sind arm, kommen vom Land. Mingong, Chinas bald 200 Millionen Wanderarbeiter, machen die Drecksarbeiten in boomenden Ballungszentren, schuften in der Regel zwölf Stunden am Tag, schlecht bezahlt, ohne Vertrag und Sozialversicherung. Sechs Jahre lang hat der Fotograf Wolfgang Müller sie begleitet. Ihre Aufenthaltserlaubnis ist befristet. Deshalb ziehen sie weiter. Ihre Hütte hat auf einem Moped Platz

NEUE HEIMAT FÜR EIN MEISTERWERK Deutschland. Bonn. In der Werkstatt Johannes Klais arbeitet Orgelbauer Andreas Kiedels an den Ventilsitzen für eine 1795 gebaute Orgel des englischen Meisters Samuel Green (1740-1796). Die Kirche gibt es nicht mehr, doch das wertvolle Klangmöbel englischen Spätbarocks fand in Bonn Asyl, wurde umsichtig restauriert und erhält nun in der barocken Josephs-Kapelle in Düsseldorf ein artgerechtes Umfeld

DAS VERHÄNGTE SCHLOSS Baden-Württemberg. Das Hohenzollernschloss Sigmaringen wird renoviert. Im Ahnensaal untersuchen Handwerker mit einem Wallscanner die Wände. Das Schloss, mehrfach aufgehübscht und veredelt, war Treffpunkt des europäischen Hochadels und zum Ende des Zweiten Weltkriegs Sitz der französischen Vichy-Regierung. Heute dient es als High-End-Produkt der Baulust im Lande der Häuslebauer wieder als Eigenheim der Familie Hohenzollern-Sigmaringen

IM PALAST DER STARKEN HÄNDE Türkei, Istanbul. Im Kuppelsaal des Cağaloğlu Hamam durchwalkt ein Masseur seinen Badegast auf dem Nabelstein aus Marmor. 1741 ließ Sultan Mahmud I. das prachtvolle Badehaus erbauen. Das türkische Dampfbad ist eine Seifenoper, die nur Helden kennt: Die einen kommen bei der Arbeit in feuchtheißer Luft mächtig ins Schwitzen, die anderen verlassen die Keimzelle orientalischer Wellness als neuer Mensch

DIE GLANZNUMMER VON HAMBURG Im Paintshop von Airbus in Hamburg-Finkenwerder lackieren 24 Männer in weißen Schutzanzügen, Helmen und Atemmasken mit Spritzpistolen in nur sechzig Minuten einen Airbus A380, immerhin 3500 Quadratmeter Flugzeug, Höhepunkt eines Prozesses, der vom Grundieren bis zum Klarlack zwei Wochen dauert. In der modernsten Lackierhalle der Welt wird die Luft pro Stunde bis zu achtzehn Mal komplett ausgetauscht

2004
1 TP

BAUCHGEFÜHL UND ENDKONTROLLE Montreal. Im Bombardier Aerospace Delivery Center untersucht Markus Goldschmidt, Wartungsingenieur für Elektronik und Avionik der Lufthansa CityLine, im Unterbauch eines Kurzstreckenjets das höchst komplexe Innenleben. Eine Woche lang prüft das Lufthansa-Team den Canadair-Jet CRJ900 auf Herz und Nieren und arbeitet eine Checkliste ab, die vermutlich umfangreicher ist als das Gesamtwerk von Franz Kafka

AUF
OPEN

DIE LAGE DER DINGE Bremen. Airbus Industries. Flugzeugbau in Bauchlage. Die Männer legen Hand an das Transportflugzeug A400M Atlas. Für die Heckklappe werden Kohlefasern in Lagen gelegt und in Handarbeit aufgebügelt. Es dauerte Jahre, bevor das Militärflugzeug endlich abheben durfte. Nachforderungen in der Konstruktionsphase, Umweltauflagen, politische Turbulenzen, Seitenwind bei der Zulassung, Steilflug der Kosten, das Übliche

EIN KORRIDOR FÜR DEN WELTRAUM Florida, Cape Canaveral, 1998. Im Kennedy Space Center wird eine Luftschleuse für eine Weltraummission montiert. Ein Mechaniker taucht tief hinein, mit Überziehschuhen, damit kein irdischer Straßendreck in die Umlaufbahn gelangt. Der Schlauch, eine Art Tunnel für Astronauten, schuf 400 Kilometer über der Erde die Verbindung zwischen dem Space Shuttle Atlantis und der internationalen Raumstation ISS

DER KOLOSS VON LONGTAN China. Guangxi. Riesenarbeit im unterirdischen Wasserkraftwerk von Longtan. Die Turbinen für die Einlaufschnecke werden eingebaut. Allein das Laufrad wiegt 250 Tonnen. Das Kraftwerk des Staudamms soll 6300 Megawatt umweltfreundlichen Strom erzeugen. Die Walzbeton-Staumauer ist mit 216,5 Meter die höchste der Welt. In Schleusen und Schiffshebewerken überwinden Schiffe einen Höhenunterschied von 179 Metern

FEIERABEND IN DER WÜSTE Qatar. Ein Bus fährt Arbeiter von der Baustelle der Pearl-Gasverflüssigungsanlage ins nahe Camp, in dem bis zu 50 000 Männer leben. In dem Beduinenstaat, einem der reichsten Länder der Erde, sind 80 Prozent der Bevölkerung Ausländer, zumeist Gastarbeiter aus Indien, Bangladesch und Pakistan. Human Rights Watch prangert die Ausbeutung, Misshandlung und Zwangsarbeit von Arbeitsmigranten im Bausektor an

DIE STADT DER ÜBERLEBENSKÜNSTLER Kairo. al-Qarafa. In der „Stadt der Toten" leben heute mehr als 300 000 Menschen. Die ersten kamen als Nachtwächter der Friedhofsruhe. Ihre Familien zogen nach; Kinder wuchsen heran, gründeten Geschäfte. Dieser Textilunternehmer und Erfinder spinnt mit einer aus Schrottteilen und einem alten Fahrrad konstruierten Maschine dünne Baumwollfäden zu einem starken Faden. Die Spindeln verkauft er an Textilfabriken

SIE BRINGEN FAST ALLES IN BEWEGUNG Ulm an der Donau. In der Fertigungshalle der Firma Kirow werden fahrbare Plattformen für schwerste Lasten gebaut, mit mannshohen Rädern und Tragfähigkeit bis zu 900 Tonnen. Die Schwerathleten unter den Kraftfahrzeugen lassen sich feinfühlig steuern, rollen zum Einsatz in Stahlwerken, Werften oder Großbaustellen und helfen beim Brückenbau. Einen Mini gibt es auch. Das E-Mobil schafft immerhin 120 Tonnen weg

EIN SAMMELLAGER FÜR DIE ENERGIE Spanien. Andalusien. In der Hochebene von Guadix werden für die Solartherme Andasol 3 über 7000 Parabolrinnen montiert, eine Arbeit, die nur mit Maschinenkraft erledigt werden kann. Die derzeit weltgrößte Musteranlage zur Produktion alternativer Energie bringt eine Höchstleistung von 150 Megawatt, braucht aber auch 2,5 Millionen Kubikmeter Grundwasser pro Jahr für die Kühlung des Dampfes in den Turbinen

STEINZEIT IN INDONESIEN West Papua, Heimat indigener Völker, die noch auf den Bäumen leben, darunter Jäger und Sammler, die keine Landwirtschaft kennen. 1938 wurde das Baliem Valley im Hochland entdeckt. Seither schreitet die Zivilisation voran, reisen Touristen in die Frühgeschichte der Menschheit. Dieser Mann ist schon im 21. Jahrhundert angekommen und brennt in der Kleinstadt Wamema Ziegel in einem Steinofen

EINSATZ VOR SOMALIA Start vor Sonnenaufgang. An Bord der italienischen Fregatte „Bersagliere" machen Marinesoldaten den Bordhubschrauber startklar zur Piratenjagd. Sie stehen in Funkkontakt mit italienischen Elitesoldaten an Bord von Frachtschiffen, die den Golf von Aden passieren, wegen der Piratenangriffe einer der gefährlichsten Schifffahrtswege der Welt. Der Schaden beläuft sich auf mehrere Hundert Millionen Euro pro Jahr

EIN ZIVI ALS LEUCHTTURMWÄRTER Philip Schierning hat als einer von mehr als 100 000 jungen Deutschen den Kriegsdienst verweigert. Als Zivildienstleistender der „Naturschutzstation des Nationalparks Wattenmeer" hat er am Westerhever Leuchtturm auf der Halbinsel Eiderstedt Vögel gezählt und Gruppen geführt. Mit dem Ende der Wehrpflicht gibt es in Deutschland keinen Zivildienst mehr. Das Leuchtfeuer wird ohnehin automatisch überwacht

DIE EISENFRESSER VON ALANG Indien. Golf von Khambhat. Arbeiter der weltgrößten Abwrackwerft legen ein russisches Passagierschiff an die Leine. Bei hoher Flut ist es aus eigener Kraft auf Grund gelaufen. Bei Ebbe beginnt die Demontage von Hand. Supertanker, Containerschiffe, Fähren, Kriegsschiffe, Kreuzfahrtschiffe – etwa ein Drittel der international ausgemusterten Schiffstonnage wird hier abgewrackt und später zu Baustahl verarbeitet

DIE WINTERREISE Schwanenvater Olaf Niess hat Hamburgs Alsterschwäne eingesammelt und fährt sie nach sorgfältiger Untersuchung mit dem Boot ins Winterquartier. Im Frühling kehren sie zurück. Seit mehr als 400 Jahren stehen die Höckerschwäne auf der Alster unter Schutz und werden mit öffentlichen Mitteln versorgt. Der Schwanenvater ist der einzige Mitarbeiter der „Zentralstelle Schwanenwesen" im Bezirksamt Hamburg-Nord

PAKETZUSTELLUNG IM POSTBOOT Brandenburg. Im Spreewald steht die Auen- und Moorlandschaft als Biosphärenreservat unter Naturschutz, und in Lübbenau, Ortsteil Lehde, wird die Post von April bis Oktober per Kahnfahrt zugestellt. Andrea Bunar, Deutschlands einzige Kahnpostzustellerin, stakt mit dem Rudel, der vier Meter langen Stange aus Eschenholz, im Blechkahn durch die Fließe, acht Kilometer am Tag, und versorgt 150 Dorfbewohner

AUF DER KOMMANDOBRÜCKE Norwegen. Die MS „E. R. Narvic" gleitet durch einen Fjord in die Nacht. Auf der Brücke leuchten Monitore. Das fabrikneue Versorgungsschiff für Plattformen ist unterwegs auf Überführungsfahrt nach Schottland. Seit 450 Bohrinseln die Nordsee möblieren, sind neue Schiffstypen gefragt. Dabei hat die Öl- und Gasförderung schon ihren Höhepunkt überschritten. Seit 1999 geht die Fördermenge kontinuierlich zurück

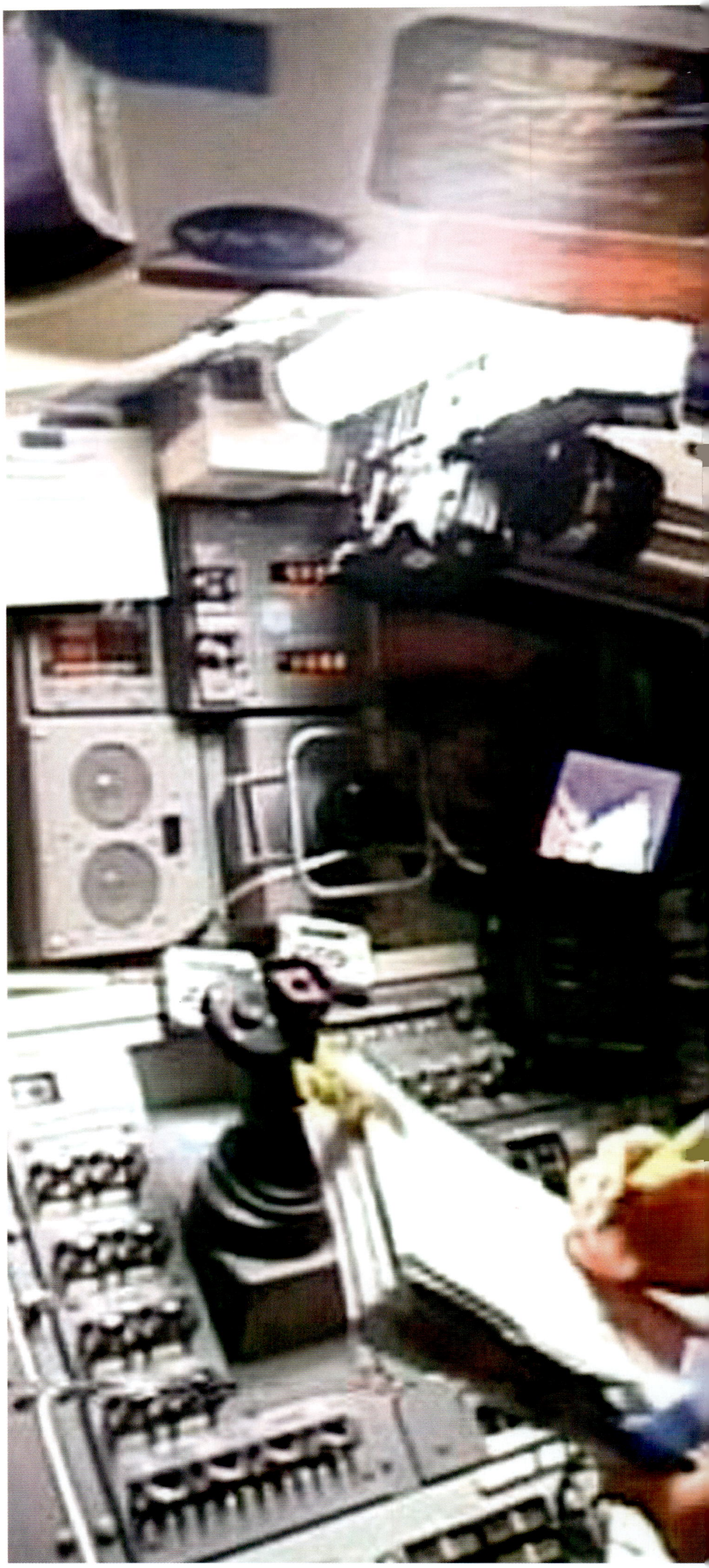

ASTRONAUTIN IM ORBIT Raumstation Endeavour. Alles unter Kontrolle. Tracy Caldwell, Doktorin der Physikalischen Chemie, im Zustand der Schwerelosigkeit. Die Bordingenieurin der ISS Expeditionen 23 und 24 war bei der NASA zuständig für die Software der Internationalen Raumstation (ISS) und des Space Shuttles sowie für Start- und Landeoperationen am Kennedy Space Center in Florida, bevor sie selbst in den Weltraum entsandt wurde

WOHIN DER WIND WEHT Im Windkanal „Wotan" am Meteorologischen Institut Hamburg, Teil des internationalen KlimaCampus-Netzwerks, justieren Prof. Bernd Leitl und sein Team den Laser für Messungen am nachgebauten Stadtbild von Oklahoma City. Die Wissenschaftler erforschen, wie schnell und in welcher Richtung sich Schadstoffe nach einem Großbrand oder einem Unfall mit Gefahrgut ausbreiten können und liefern Messdaten für eine Prognose-Software im Katastrophenfall

EIN KRAFTWERK AM START Bremerhaven. Containerterminal Wilhelm Kaisen. Ingenieure bauen eine 5 Megawatt Multibrid M5000 Offshore Windanlage zusammen, Arbeiten, die sich besser auf festem Boden erledigen lassen als unter erschwerten Bedingungen auf hoher See. Dort wird dann der tausend Tonnen schwere Koloss verankert. Bei starkem Wind sausen die Spitzen der Rotoren mit 320 km/h durch die Luft. Ab Windstärke zehn schalten sie ab

DIE LICHTBRINGER VON PARIS Der Eiffelturm, berühmtester Vierbeiner der Welt und mit 324 Metern höchster Fachwerkbau von Paris, hat schon Charles Lindbergh bei seiner ersten Atlantiküberquerung mit dem Flugzeug als Leuchtturm gedient. So viel Strahlkraft braucht sachgerechte Wartung und schwindelfreie Fachkräfte mit Sicherheitstraining. Elektriker ohne Höhenangst arbeiten an der Inszenierung des Lichtspiels der zwanzigtausend Lampen

DIE BRÜCKENTAGE VON LE HAVRE Im Dezember bläst es rau vom Atlantik, nicht die beste Zeit für Wartungsarbeiten an frischer Luft und in dieser Höhe nicht ganz ungefährlich. Über den Wolken hängen Männer in den Seilen der Pont de Normandie. Tief unter ihnen rauscht der Verkehr. Ihr Arbeitsplatz: die Schrägseilbrücke mit der größten Spannweite in Europa und über 200 Meter hohen Pylonen. Sie überspannt die Seine-Mündung bei Le Havre

UNTER DEN STRASSEN VON PARIS Im illuminierten Tunnel des Canal St. Martin befestigen Handwerker Rettungsringe an den Seitenwänden. Die einst von Napoleon für die Trinkwasserversorgung der Stadt in Auftrag gegebene Wasserstraße verläuft auf einer Strecke von zwei Kilometern unterirdisch und verbindet das Bassin de la Vilette mit der Seine. Heute dient der Kanal vor allem als romantische Straße für Glasboote und Ausflugsschiffe

DIE MERMAIDS VON FLORIDA Im Unterwassertheater von Weeki Wachee spielt seit 60 Jahren Hans Christian Andersens Märchen von der kleinen Seejungfrau. In der Zauberwelt hinter Glas mit Traumschloss und Naturfelsen singen Mermaids. Zum Luftholen dient ein Gummischlauch. Zur Komparserie zählt ein echter Fischschwarm. Er folgt den Schönen, weil sie Fischfutter an den Flossen befestigt haben. Im Winter kommen auch Seekühe vorbei

TOP OF EUROPE Schweiz. Jungfraujoch. Ein Handwerker installiert einen Handlauf im Eispalast. Die Halle im Gletschereis muss wegen der Atemluft ihrer vielen Tausend Bewunderer auf minus drei Grad gekühlt werden. Jährlich buchen rund 700 000 Touristen die Bahnfahrt zum höchsten Bahnhof Europas, 3454 Meter über Normalnull, bestaunen die alpine Zauberwelt und genießen den Blick in die Nachbarländer Deutschland, Frankreich und Italien

DER SEEHUND MIT DER MASKE Im Marine Science Center Rostock, dem größten seiner Art weltweit, erforscht Diplom-Biologin Jenny An Byl die Sinneswahrnehmungen beim Seehund Sam. Die Frage zum Beispiel, ob er mit seinen Barthaaren seine Beute findet. Vollständig maskiert und mit Ohrschützern ausgestattet, kann er weder sehen, riechen oder hören. Doch die Barthaare orten das ferngesteuerte U-Boot im Wasser. Ein Fisch hätte keine Chance

GOLDSUCHE IM SCHLAMM Philippinen. Im Dorf Dalas auf der Insel Luzon graben illegale Goldsucher sechs Meter tiefe Erdlöcher, fluten sie mit Wasser und tauchen hinab. Sie atmen durch einen Plastikschlauch, der mit einem Kompressor verbunden ist. Am Grund des Wasserloches füllen sie goldhaltigen Schlamm in einen Sack. Oben wird der Schlamm gewaschen. Manchmal bleiben winzige Körner hängen, keine Reichtümer, aber genug zum Leben

HELMTAUCHER – DIE LETZTEN IHRER ART

Walter Hamm geht der Elbe auf den Grund. Der Zweite Weltkrieg hat in Hamburg dreitausend Wracks hinterlassen, tausende Blindgänger mit explosivem Innenleben, Fundsachen für den Helmtaucher. Mit Ballast beschwert und plumpen Stahlstiefeln, geht er zu Wasser, vierfach verkabelt: Mit Spülschlauch und Sicherheitsleine in den Fäusten, Telefonleitung und Luftschlauch am Messinghelm, tastet er sich durchs Dunkel

SPURENSUCHE IM TREPPENHAUS Beamte der Kriminalpolizei Hannover untersuchen den Verlauf der Rußrückstände im Treppenhaus eines abgebrannten Wohnhauses. Die „Rußbeaufschlagung" macht es möglich, den Brandherd zu bestimmen. Mehr als die Hälfte der Brände entsteht durch fahrlässige oder vorsätzliche Brandstiftung. Die Ermittler vom Kommissariat 1.2 prüfen im Jahr etwa 500 Brandursachen. Jede zweite wird aufgeklärt

STAHLKOCHER IM EINSATZ Barsinghausen. In der vielleicht heißesten Küche von Niedersachsen sind zwei Mann mit der Zubereitung von Autoteilen beschäftigt. Die Zutaten: geschmolzenes Altmetall. Sie schütten den rot glühenden Stahl in eine Gussform. Heraus kommt nach mehreren Arbeits- und Schleudergängen ein Muster an Härte und Präzision: Ein-Guss-Zylinderlaufbuchsen für Motoren. Die Männer arbeiten in drei Schichten rund um die Uhr

CUBA
HFW 899

DIE VETERANEN VON HAVANNA Havannna, Calle de Oprapia. Erste Hilfe für ein Liebhaberstück, das in die Jahre gekommen ist. Am 1. Januar 1959 verkündete Fidel Castro in Kuba die Revolution. Die Einfuhr amerikanischer Straßenkreuzer war von einem Tag auf den anderen beendet, was die Autos, die bis dahin auf der Insel waren, unentbehrlich machte. Inzwischen mutieren die Oldtimer zur Touristenattraktion wie die Gondeln von Venedig

DIE SCHNÜFFLER VON INGOLSTADT Der Automobilhersteller Audi schickt seine Ingenieure auf Schnupperkurs. Die Olfaktorik-Experten suchen mit ihrem natürlichen Messgerät Nase im Inneren eines Prototypen nach störenden Ausdünstungen von Kunststoffteilen, Leder, Gummi- und Textilmatten. Rund 500 Bauteile werden von dem Nasenteam nach strengen Maßstäben analysiert und bewertet. Das Gutachten entscheidet über die Eignung eines Werkstoffes

NORDSEEKRABBEN IN AFRIKA Marokko, Tetouan. In den Produktionshallen der niederländischen Firma Heiploeg pulen 1600 Arbeiterinnen in hygienischer Schutzkleidung Nordseekrabben, die vor den Küsten der Niederlande, Großbritanniens oder Deutschlands gefischt wurden. Kühlwagen haben sie durch halb Europa bis Algeciras gefahren, die Fähre brachte sie nach Marokko. Gepult und gekühlt reisen sie auf derselben Strecke zurück zum Verbraucher

N2214
SG-LL

DIE STILLE AUF DEM SPIELPLATZ Japan, Iitate, im Januar 2012. Der verstrahlte Spielplatz der Kusano-Grundschule wird untersucht und gereinigt. Das Dorf Iitate liegt 45 Kilometer vom Atomkraftwerk Fukushima entfernt. 6500 Einwohner mussten nach der Nuklearkatastrophe im März 2011 evakuiert werden. Durch ein Programm gezielter Dekontaminierung von Böden, Reisfeldern, Häusern und Bäumen wollen die Behörden erreichen, dass sie zurückkehren

DAS RIESENRAD AM HIMALAYA Ladakh, Hochgebirgsregion im indischen Bundesstaat Jammu und Kaschmir. Kraftvoll betreibt ein Mann dieses Riesenrad vor der Kulisse des Himalaya am Kloster Shey, einst Sommerresidenz der Könige von Ladakh. Zur 800-Jahr-Feier der Buddhistischen Drukpa-Linie wurde in der Stadt Leh ein Vergnügungspark eröffnet, wobei der tibetische Buddhismus weise auf den Lärm maschinengetriebener Fahrgeschäfte verzichtet

HÖHENRAUSCH AM LAKE MICHIGAN Chicago. Stahlarbeiter Jeff Devine arbeitet auf dem Blue Cross Blue Shield Tower am Grant Park. Das Haus 300 East Randolph Street wurde für 270 Millionen Dollar von 33 auf 57 Stockwerke erhöht und misst nun 229 Meter. Damit hat sich der Bau der Krankenversicherung in der Skyline auf den 16. Platz geschoben. Im Hintergrund sind die Antennen des Willis Tower zu sehen, mit 507 Metern zweithöchstes Gebäude Amerikas

DER LANGE ARM DES REVOLUTIONÄRS

St. Petersburg. Die Bronzestatue des Revolutionsführers Wladimir Iljitsch Lenin wird gereinigt. Sie wurde am Finnländischen Bahnhof errichtet, wo der Arbeiterführer 1917 nach seinem Exil in Deutschland und der Schweiz ausgestiegen war, um die Oktoberrevolution zu verkünden. Seit dem Fall der Sowjetunion hat Lenin einen schweren Stand. Unbekannte sprengten am 1. April 2009 ein großes Loch in sein Hinterteil

VOLKSZÄHLUNG IM RAPSFELD

Niedersachsen, Celle. Im Auftrag von LAVES, dem Niedersächsischen Landesamt für Verbraucherschutz und Lebensmittelsicherheit, untersuchen Forscher in einem Rapsfeld die Größe von Bienenvölkern. Die Westliche Honigbiene (Apis mellifera), eines der wichtigsten Nutztiere, ist bedroht. Pestizide, Nervengifte und industrielle Landwirtschaft führen zum Massensterben. Auch die Rapsblüte ist kontaminiert

BAUMWOLLFELDER IN AFGHANISTAN

Afghanistan, Mazar-e-Charif. Baumwollpflücker bei der Arbeit. Der Anbau von Baumwolle wird durch internationale Programme mit Millionenbeträgen unterstützt, um das höchst lukrative Geschäft mit illegalen Schlafmohnfeldern zu bekämpfen. Viele Afghanen haben ihre Baumwollpflanzen untergepflügt, weil sie für Mohn das Zehnfache bekommen. Afghanistan liefert weltweit 90 Prozent des Rohstoffs für Opium und Heroin

DIE ILLUSION VON FREIHEIT UND ABENTEUER Gaza, Gefängnis mit 1,7 Millionen Insassen auf engstem Raum. In seiner Werkstatt repariert Al Hindi Ashour Surfbretter. Der Mitbegründer des Gaza Surfclub liefert jungen Surfern das Material für kleine Fluchten. Am Strand endet die Einflusszone der religiösen Hardliner von Hamas, die sonst alles verbieten, was Spaß machen könnte. Und das israelische Patrouillenboot draußen an der Dreimeilenzone ist weit weg

KATASTROPHEN-TRAINING FÜR FLUGBEGLEITER Island. Keflavik. Flugbegleiter-Schulung in Nacht und Nebel. Nach internationalen Vorschriften muss ein Flugzeug binnen 90 Sekunden durch die Hälfte der Türen und in Dunkelheit komplett evakuiert werden können. Sie gelten übrigens auch für den Airbus A380. Das größte Passagierflugzeug der Welt wäre nie zugelassen worden, wenn nicht 873 Testpersonen innerhalb von 90 Sekunden über Notrutschen den Jet verlassen hätten

DOMINA IM DIENST Der Fotograf Florian Müller hat sich die Arbeit in einem Dominastudio in Hannover als Langzeitstudie zum Thema genommen. Im Gemeinschaftsraum, der gleichzeitig Büro, Küche, Aufenthaltsraum und Beautysalon ist, wartet ein gefesselter Sklave. Lady Sandra liefert sexuelle Rollenspiele als Dienstleistung, von der vorgetäuschten Zwangsernährung oder Teilamputation bis zu Scheinschlachtungen mit Schweinsmaske

吸菸有害
戒菸專線
双生子
7年級

DAS GESCHÄFT DER BETELNUSS-BEAUTIES

Taiwan. Eine junge Frau wartet auf Kunden. Im Angebot: Binlang, jahrtausendealtes Genussmittel in Südasien und eine gefährliche Psychodroge. Das Kauen von Betelnüssen und Blättern der Areca-Palme kann süchtig machen und erhöht das Risiko von Mundhöhlenkrebs. Doch in Taiwan ist Binlang eine legale Droge, und die Betelnuss-Beauties sind Kult. Die Kundschaft, meist Männer in mittleren Jahren, ist verführbar

HALLOWEEN IN MEXIKO In Cuernavaca im mexikanischen Hochland ist die neue Zeit angebrochen. In einer Manufaktur hängt eine Arbeiterin kürbisfarbene Latex-Monstermasken zum Trocknen auf, denen man nicht im Dunkeln begegnen möchte. Aber genau das ist ihr Zweck. Sie werden zu Halloween verkauft, ein Brauchtumsimport aus den USA, der in Mexiko gegen den „dia de los muertos" antritt, den Tag der Toten, der auf den Friedhöfen gefeiert wird

DIE MASKENMÄNNER VON GUJARAT Indien, Bundesstaat Gujarat. Die Arbeiter in einer Zementfabrik machen einen heißen Job. Die Arbeit in aluminiumbeschichteter Schutzkleidung an offenen Ofensystemen ist beschwerlich. Ganzkörpervermummung mit Handschuhen, Schürze und Schutzbrille ist obligatorisch. Wenn Zement mit Wasser in Verbindung kommt, entsteht eine Lauge mit extrem hohem pH-Wert, die zu Verätzungen an Haut und Augen führen kann

ACC

PESTIZIDE AUF REISEN Weißrussland, Savichi. Für diesen Job braucht man Schutzkleidung und Atemmaske. Ein Mitarbeiter des Ministeriums für Natur- und Umweltschutz schreitet über aufgereihte Kunststofffässer mit hochgiftigen Chemikalien wie DDT. 640 Tonnen Umweltgifte lagern am Waldrand, fertig für den Weitertransport in Lastwagen nach Deutschland, wo sie in aufwendigen Verfahren sortiert und rückstandslos vernichtet werden

DRUCKPOSTEN IN DER RUSH HOUR Tokios perfektes U-Bahn-Netz ist berühmt. Die Züge in der mit 35 Millionen Menschen weltgrößten Metropolregion fahren im Zweiminutentakt, manche Bahnhöfe schleusen täglich bis zu einer Million Fahrgäste ins System. Tokios Metro kennt keine Wartezeiten. Die Züge fahren immer pünktlich. Damit das so bleibt, drücken resolute Türsteher unter vollem Körpereinsatz die Passagiere ins Abteil, jede Sekunde zählt

ELEKTRONIKSCHROTT IN WUHAN Ein Arbeiter sortiert ausrangierte Computer in der neu errichteten Recycling-Anlage in Wuhan in Mittelchina. In der weltweiten Müllflut ist Elektronikschrott die heftigste Strömung und flutet die Deponien fünfmal so schnell wie herkömmlicher Industriemüll. Längst haben Recycling-Unternehmen das gewinnbringende Potenzial erkannt. Der Schrott ist reich an wertvollen Rohstoffen und Arbeitskräfte sind billig

KEHRAUS AM TIMES SQUARE Kaum hat das neue Jahr begonnen, beseitigen Müllwerker die Spuren kollektiver Feierlaune. Die Party ist riesig. Rund eine Million Menschen haben auf dem Times Square in New York City den Countdown zum Jahresende verfolgt. Alle Jahre wieder wird der leuchtende Zeitball über dem Verlagsgebäude der New York Times herabgelassen. Und wenn er unten ist, wird gejubelt und gesungen: „Auld Lang Syne". Das alte Lied

Heineken
PALAC
McDonald's
Restaurant
N 24 HOURS
TIMES SQUARE
VISITOR CENTER
OPEN 24 HOURS
Restaurant
open 24

EINE STADT IN TRANCE Moskau. Der niederländische Produzent, Superstar und DJ Armin van Buuren im Konzerthaus „Russia". Zwei Nächte lang rockt er mit seiner „Armin Only – Mirage" zehntausend Fans. Der Erfinder der wöchentlichen Radioshow „A State Of Trance" (ASOT), die weltweit von 15 Sendern ausgestrahlt wird, durfte auch die Feierlichkeiten zur Inthronisation von König Willem-Alexander im Hafen von Amsterdam aufmischen

Nikon
Canon
Nikon

CATCH AS CATCH CANNES Cannes, Festspiele. Der rote Teppich als Schussfeld für Pressefotografen. Sie stehen bereit, warten dicht gedrängt auf einen Papst, der keiner ist: Michel Piccoli, Hauptdarsteller des italienischen Films „Habemus Papam", in dem ein eben gewählter Papst vor seinem Amt und vor der Verantwortung die Flucht ergreift, um sich einer Schauspieltruppe anzuschließen. Doch hier wird es für ihn kein Entkommen geben

ROTER TEPPICH FÜR DEN PAPST Berlin, Flughafen Tegel. Letzte Vorbereitung für den gebührenden Empfang eines Staatsgastes auf dem roten Teppich. Angekündigt ist Papst Benedikt XVI., der für vier Tage in Deutschland einschweben wird. Die weiße Reisegarderobe Seiner Heiligkeit gilt als besonders staubempfindlich. Das offizielle Programm der Apostolischen Reise sieht Begegnungen mit den Spitzen der Politik und anderer Glaubensgemeinschaften vor

GlobeGround
Berlin
GlobeGround
Berlin
GlobeGround
Berlin
GlobeGround
Berlin

EIN MANN SIEHT ROT Shanghai. Der Arbeiter macht Pause. Eben hat er in der Hafenanlage Long Wu einen fabrikneuen Kran gestrichen. Es geht aufwärts im Hafen von Shanghai. Mit einem Umschlag von mehr als 31 Millionen TEU pro Jahr ist der größte Containerhafen der Welt ein Motor des Wirtschaftswachstums. Die 23-Millionen-Einwohner-Stadt an der Mündung des Jangtsekiang wächst ins Meer. Der Hafen Long Wu entstand durch Landgewinnung

EIN MANN SIEHT SCHWARZ Mexiko. Ein Bergarbeiter in einer Kohlenmine im Bundesstaat Coahuila. 90 Prozent der Kohle werden hier gefördert. Rund 30 000 Kumpel arbeiten in dem Revier unter Tage. Sie wissen, dass sie ihr Leben riskieren. Unfälle sind Berufsalltag. Fragile Fördertürme, provisorisch abgestützte Stollen, Sicherheitsvorschriften, die nicht eingehalten werden, primitivste Technik. Wer hier einfährt, sieht dem Tod ins Auge

SONDEREINSATZ AM KUNDUS Afghanistan, Mazar-e-Sharif. Im Camp der Bundeswehr bringt diese junge Sängerin ihr uniformiertes Publikum in Wallung, ein Auslandseinsatz der Bremer Musical Companie im Dienst der Evangelischen und Katholischen Arbeitsgemeinschaft Soldatenbetreuung. Das fetzige Entertainment im Operationsgebiet am Kunduz erweist sich als willkommene Abwechslung im staubigen Soldatenalltag. Militärseelsorge mal ganz entspannt

GRENZWERTIGE FANGMETHODEN Sri Lanka. Koggala Beach. Das Schweigen im Morgengrauen. Bewegungslos verharren die Fischer auf ihren Stelzen, um Sardinen, Heringe und Makrelen zu angeln, kleine Fische, kaum genug, eine Familie zu ernähren. Inzwischen gehen Fischer auf Touristenfang, klettern just for fun auf die Stelzen und lassen sich gegen angemessenes Modellhonorar fotografieren. Touristen, haben sie gelernt, sind die dickeren Fische

BILDCREDITS

Seite 6 Kristoffer Finn, Hannover, Deutschland, www.krisfinn.com
Seite 8 Nicole Strasser, Hannover, Deutschland, www.nicolestrasser.de
Seite 10 Karoline Tiesler, Hamburg, Deutschland, www.karolinetiesler.de
Seite 12 Carlos Barria, Reuters
Seite 14 Jean-Baptiste Rabouan, hemis, laif
Seite 15 Liu Jin, Getty Images
Seite 16 Kevin Zhao, Reuters
Seite 18 Noel Hendrickson, GalleryStock, Vancouver, USA, www.hendricksonphoto.com
Seite 20, 132, 174, 178 Dominik Obertreis, Althütte-Waldenweiler, Deutschland, www.obertreis.de
Seite 22 Philippe Crochet, Getty Images
Seite 24, 200 Peter Menzel, Agentur Focus, Napa, CA, USA, www.menzelphoto.com
Seite 25 Ralf Joest, Hilden, Deutschland
Seite 26 Aly Song, Reuters
Seite 28, 186 Nick Neufeld, Hannover, Deutschland, www.nickneufeld.de
Seite 29, 202 Sergey Maximishin, Agentur Focus, St. Petersburg, Russland, www.maximishin.com
Seite 30, 35, 56, 126, 188 Julius Schrank, Amsterdam, Niederlande, www.juliusschrank.de
Seite 31 Nacho Doce, Reuters
Seite 32 Peter Parks, Getty Images
Seite 34, 42, 223 Reuters
Seite 36 Frank Perry, Getty Images
Seite 38, 39 Corey Arnold, Portland, Oregon, USA, www.coreyfishes.com
Seite 40, 78 Andrew McConnell, Agentur Focus, Beirut, Libanon, www.andrewmcconnell.com
Seite 44 Xinhua, eyevine, Picture Press
Seite 46 Bernd Hoff, Düsseldorf, Deutschland, www.berndhoff.de
Seite 48 Florian Manz, Agentur Focus, Hannover, Deutschland, www.florianmanz.de
Seite 49 Paolo Pellegrin, Magnum Photos, Agentur Focus, Rom, Italien
Seite 50, 166 Heiner Müller-Elsner, Agentur Focus, Hamburg, Deutschland, www.mueller-elsner.de
Seite 52 Carsten Peter, Getty Images
Seite 54, 74, 86, 142 Thomas Ernsting, laif
Seite 58, 136, 138 Jens Görlich, Oberursel, Deutschland, www.jens-goerlich.de
Seite 60, 112, 170, 222 Age fotostock, LOOK-foto
Seite 62 Simon Barber, eyevine, Picture Press
Seite 63 China Daily, Reuters
Seite 64, 105, 123 Samuel Zuder, laif
Seite 66 Astis Krause, Strausberg, Deutschland, www.fotostudenten.de
Seite 68, 69 Lene Münch, Berlin, Deutschland, www.lenemuench.de
Seite 70, 190, 214 Francesco Lastrucci, GalleryStock, Florenz, Italien, www.francescolastrucci.com
Seite 71, 114, 177, 192 Stefan Pielow, Starnberg, Deutschland, www.pielowphoto.com
Seite 72 Marco Ansaloni, Parallelozero, Barcelona, Spanien, www.parallelozero.com
Seite 76 Eloy Alonso, Reuters
Seite 77 Tomas Munita, laif
Seite 80 Philip Poupin, Agentur Focus, Saint Malo, Frankreich, www.philippoupin.fr
Seite 82 Hermann Erber, LOOK-foto, Lichtenberg, Österreich
Seite 84 Dirk von Nayhauß, Agentur Focus, Berlin, Deutschland, www.nayhauss.de
Seite 88, 89 Andreas Meichsner, Berlin, Deutschland, www.andreasmeichsner.de

Seite 90 Filippo Monteforte, Getty Images
Seite 92 Philip Lisowski, Nürnberg, Deutschland, www.philiplisowski.de
Seite 93 Heiko Meyer, Kassel, Deutschland, www.heikomeyer.com
Seite 94 Florian Wallenwein, Hannover, Deutschland, www.fotostudenten.de
Seite 96, 106, 134, 148 Claudia Wiens, Istanbul, Türkei, www.claudiawiens.com
Seite 98 Albeiro Lopera, Reuters
Seite 100 Reuters
Seite 102, 122, 210 Brian Finke, GalleryStock, NY, USA, www.brianfinke.com
Seite 103 Sandra Mu, Getty Images
Seite 108 Akintunde Akinleye, Reuters
Seite 110, 111, 152, 168 Hauke Dressler, Fischerhude, Deutschland, www.haukedressler.com
Seite 116 Antje Rugullis, Hilden, Deutschland
Seite 118, 220 Vasily Fedosenko, Reuters
Seite 120 Finbarr O'Reilly, Reuters
Seite 125 Claudia Thoelen, Hamburg, Deutschland, www.alzheimer-ausstellung.de
Seite 126, 140, 162 Michael Lange, Hamburg, Deutschland, www.michaellange.eu
Seite 128 Wolfgang Müller, Berlin, Deutschland, www.wmueller-photography.de
Seite 130, 150 Felix Brüggemann, Berlin, Deutschland, www.felixbrueggemann.com
Seite 144, 146 Rüdiger Nehmzow, Düsseldorf, Deutschland, www.nehmzow.de
Seite 154 Reinhard Dirscherl, LOOK-foto, München, Deutschland
Seite 156 Sergio Ramazzotti, Parallelozero, Milano, Italien, www.parallelozero.com
Seite 157 Jan Windszus, Berlin, Deutschland, www.janwindszus.com
Seite 158 Rolf Nobel, Hannover, Deutschland, www.rolfnobel.de
Seite 160 Krafft Angerer, Getty Images
Seite 161 Sascha Montag, Zeitenspiegel, Agentur Focus
Seite 164 NASA TV, Reuters
Seite 172 Gilles Bassignac, Getty Images
Seite 180, 182 Fabian Fiechter, Lörrach, Deutschland, www.fabianfiechter.de
Seite 184 engel+gielen, Hamburg, Deutschland, www.engel-gielen.de
Seite 194 Bente Stachowske, Hamburg, Deutschland, www.bentestachowske.de
Seite 196 Jean Gaumy, Magnum Photos, Agentur Focus, Haute Normandie, Frankreich
Seite 198 Axiom, LOOK-foto
Seite 204 Linda Dreisen, Berlin, Deutschland, www.lindadreisen.com
Seite 206 Sandra Calligaro, Picturetank, Agentur Focus, Kabul, Afghanistan
Seite 208 Alessandro Gandolfi, Parallelozero, Milano, Italien, www.parallelozero.com
Seite 212 Florian Müller, Hannover, Deutschland, www.fmfotografie.com
Seite 216 Carlos Tischler, Getty Images
Seite 219 John Henry Claude Wilson, Robert Harding, Picture Press
Seite 224 Jemal Countess, Getty Images
Seite 228 Yves Herman, Reuters
Seite 230 Kai Oliver Pfaffenbach, Reuters
Seite 232 Nir Elias, Reuters
Seite 233 Daniel Becerril, Reuters
Seite 234 Frederic M. Bozada, Berlin, Deutschland, www.bozada.de
Seite 236 Hans Kemp, Saigon, Vietnam, www.hanskemp.com

IMPRESSUM

Originalausgabe Becker Joest Volk Verlag

1. Auflage September 2013

ISBN 978-3-938100-94-3

AUTOR Emanuel Eckardt

BILDREDAKTION, HERAUSGEBER Stefan Pielow

LAYOUT, TYPOGRAFISCHE GESTALTUNG

Dipl.-Des. Justyna Krzyzanowska für Makro Chroma Joest & Volk OHG, Werbeagentur

SATZ Dipl.-Des. Anne Krause

PROJEKTLEITUNG Johanna Hänichen

BILDBEARBEITUNG, LITHOGRAFIE, LEKTORAT

Makro Chroma Joest & Volk OHG, Werbeagentur, Hilden

DRUCK Grafiche Flaminia, Foligno, Italien

BECKER
JOEST
VOLK
VERLAG

www.bjvv.de